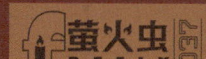

HISTORY of WITCHCRAFT
猎巫运动

[英]萨拉·班克斯 编著
李鹏 译

中国画报出版社·北京

图书在版编目（CIP）数据

猎巫运动 /（英）萨拉·班克斯编著；李鹏译. -- 北京：中国画报出版社，2022.8（2023.7重印）
（萤火虫书系）
书名原文：History of Witchcraft
ISBN 978-7-5146-2142-6

Ⅰ.①猎⋯ Ⅱ.①萨⋯ ②李⋯ Ⅲ.①巫术—历史—世界 Ⅳ.①B992.5

中国版本图书馆CIP数据核字(2022)第077306号

Articles in this issue are translated or reproduced from All About History: History of Witchcraft Second Edition and are the copyright of or licensed to Future Publishing Limited, a Future plc group company, UK 2018. Used under licence. All rights reserved. All About History is the trademark of or licensed to Future Publishing Limited. Used under licence.

北京市版权局著作权合同登记号：图字01-2022-1608

猎巫运动

【英】萨拉·班克斯 编著　李鹏 译

出 版 人：方允仲
责任编辑：田朝然
内文排版：赵艳超
责任印制：焦　洋

出版发行：中国画报出版社
地　　址：中国北京市海淀区车公庄西路33号　邮　编：100048
发 行 部：010-88417360　010-68414683（传真）
总编室兼传真：010-88417359　版权部：010-88417359

开　　本：16开（787mm×1092mm）
印　　张：12.75
字　　数：291千字
版　　次：2022年8月第1版　2023年7月第3次印刷
印　　刷：万卷书坊印刷（天津）有限公司
书　　号：ISBN 978-7-5146-2142-6
定　　价：72.00元

猎巫运动

在饱受鼠疫、战争与宗教动荡之苦的欧洲大陆，巫术只是人们不得不经受的另一种威胁。没有人可以幸免于难，也没有人能够免受操纵巫术和与恶魔勾结的指控——甚至连女王和朝臣也会受到牵连。《猎巫运动》一书涵盖了所有你想了解的有关猎巫运动以及女巫审判的细节，这些事件给中世纪到近代的整个欧洲和美洲殖民地留下了血淋淋的伤口。书中揭露了城镇由恐慌到歇斯底里的真实过程，从英格兰兰开夏郡彭德尔山的巫术指控到塞勒姆女巫审判20人被处决；从白袍巫师使用的工具、配料与魔法书到治愈胃溃疡的药。本书还探究了自封为"猎巫将军"的马修·霍普金斯，是如何惩罚在他看来从事巫术勾当的女巫的。本书观点独到，并配有大量插图，对于任何想要了解这段黑暗历史的人来说，都是一本必备之书。

猎巫运动
目录

197

176

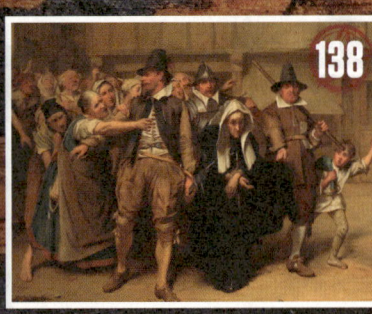
138

115

- 6　猎巫运动
- 16　巫师的开端
- 26　15 大知名女巫
- 40　女巫被迫害时间表
- 44　怀疑与恐惧
- 50　贡希尔：传奇的北欧国王之母
- 58　英格兰女巫，纳瓦拉女王琼
- 64　圣殿骑士团的背叛
- 78　公爵夫人的身败名裂
- 86　伊丽莎白·伍德维尔，白王后与黑魔法
- 98　詹姆斯六世和女巫
- 112　恐怖笼罩着的彭德尔山

近代欧洲的猜忌与迷信

84

121

71

128

120 白袍巫师

128 欧洲猎巫运动的中心

139 猎巫者：马修·霍普金斯

148 猎巫者手册

154 女巫的咒语书

160 巴斯克女巫审判

172 维尔茨堡女巫审判

177 塞勒姆女巫审判

193 理性与正义：巫术的法制史

196 女巫审判的终结

167

猎巫运动

巫师猎人主要活动于近代早期欧美国家，他们曾目睹数以万计的巫师受尽折磨，甚至入狱。但究竟什么是猎巫运动？为什么会发生如此臭名昭著的事件？

用几分钟想象这样一个场景：你是一个生活在17世纪欧洲的农民，丈夫留下遗嘱走了，只有你一个人孤零零地生活在这小小的房子里。平时，你要花费时间照料地里面种的蔬菜和药草，同时，你也是一位虔诚的教徒，只要身体允许，都会按时去教堂做礼拜。你并不相信那些关于巫师的故事，比如，巫师们晚上会去树林里照顾撒旦，撒旦在他们背后抹上"撒旦药膏"，使他们能够施魔法让牲畜遭殃，但是你却相信撒旦的存在。

最近，你时常看到周围的邻居被教会的人带去法庭，从街坊的闲言碎语中得知，这些人被指控为异教徒。这时你并没有感到一丝害怕，直到手持武器、身着主教衣服的人出现在家门口，要把你带去问话时，你才面露慌张，不断大声叫喊着："这一定是弄错了，弄错了！"你以为事情真相很快会浮出水面，可是当你穿过村子的主干道，路过朋友和邻居家门口时，他们只是偷偷地张望着你。起初，你还会觉得尴尬，但转念一想，磨坊主的妻子也是像自己这样被带走的，而她最终被判处使用巫术罪。想到这些，你才开始感到害怕，头皮发麻，全身发凉。

在猎巫运动早期,大约有7万人被杀害。

世界范围内的猎巫运动

苏格兰 1715年
凯特·内文不幸成为苏格兰地区最后一位被执行死刑的女巫,她曾试图摆脱追捕,却不幸在三天后被抓,并被送上了火刑柱。

新英格兰 1662年
在猎巫运动进行了几十年后,塞勒姆才开始实施其臭名昭著的暴行。哈特福德的女巫审判持续了多年,为丰富法院审判女巫的理论依据提供了一个讽刺的借鉴。

英格兰 1612年
彭德尔女巫案是英国历史上最出名的女巫捕杀行动。10个人因为举行撒旦仪式,被残忍处死。

丹麦 1590 年

信奉新教的苏格兰国王詹姆斯六世（后为英格兰国王詹姆斯一世）在去见未婚妻安妮的路上，遇到了很糟糕的天气。他将原因归咎为一个女巫团。于是在很短的时间内，这些女巫接受了审讯，被残忍处死。

赞比亚 1935 年

一位名叫"巴奴"的巫师猎人在本巴人村落里游荡，引起了人们的恐慌，一些受到怀疑的人员将接受审判。

法庭上，三位法官审理着案子，书记员在一旁记录着流程。其实，在罪名认定之前，你的名字已经被记录在案了。认识多年的邻居控告你让他家奶牛产的奶变质了。这对农民夫妇还控告你带来了阴雨连绵的天气，害得他们粮食欠收；控告你用种植的药草制成的迷情水激起了他家两个幼女对性的幻想。你被告知不能有任何律师为你辩护，因为操纵巫术是一种极端罪名，上帝只会庇护除你以外的无辜者。

当然，你拒绝承认自己是一名巫师，也极力否认别人安在你头上莫须有的罪名。在你看来这一切都太荒唐可笑了，只是因为你和邻居们向来不能达成一致意见，于是他们便控告你使用巫术，想摆脱你，这种做法未免太卑鄙了。你拒绝承认这些罪名，虽然你为自己的辩护都被记录了下来，但是法官依旧反复告诫你，巫术是重罪，所以希望你可以全部坦白。你立场坚定，仍然拒绝认罪。于是，你随后被带去牢房接受下一轮审讯。审问人员剥去你的衣服，试图在你的身上搜寻隐藏的法力。他们将你的大拇指放在像老虎钳一样的装置里，不断折磨你。面对逼问，你强忍痛苦，没有屈服。就这样勉强地熬过了第一天的审讯，但是接下来却遭到了无休止的折磨（如前页图）。当杠杆转动时，你的四肢就会被分开，发出"砰"的声音，这让你极其痛苦，生不如死。除非这时承认自己是巫师，说自己与撒旦有关系，才能让酷刑停止。尽管你的"坦白"可以将自己从被折磨中暂时解脱出来，但第二天，你和其他五个"巫师"会被押上马车，送去柴堆，处以火刑。

猎巫运动并非兴起于16世纪的宗教改革运动，但这段时期尤为人所熟知：天主教和新教之间开展教权斗争，教派努力清洗异教徒，以证明其对上帝的绝对虔诚。所有人，无论出身卑贱还是高贵，都有可能被排挤出教派，只有那些来自社会最高阶层的人才是安全的。那么这场看似极其荒唐的运动是如何开始的呢？

在有记录的历史早期，许多无法解释的事物都被归为了"巫术"，这样做的原因是为了让人们信服。因此当时的人们认为，巫术很强大，并且控制着他们周围的世界。古埃及人不仅用传统的医学手段来保持身体健康，也操纵巫术，驱散恶灵，与神沟通。而古希腊人在医学和宗教等各个方面，也都用到了魔杖和魔法符号。美索不达米亚地区（现中东大部分地区）的居民则在泥石板上记录咒语。这一时期，在许多文明中，巫术与宗教的区别大都难以辨认，而公元前438年的古罗马却是个例外，在古罗马操纵巫术会被视为重罪，判处死刑。《罗马法》中将巫术视为文明的弊端，因为巫术带来了大量传染病，导致粮食欠收。所以在短短几百年内，就有数千人被处死。

从古罗马、古希腊时期到猎巫运动集中的16世纪，掌权者将巫术视为迷信，更视为对社会的重大威胁。8世纪，信奉基督教的意大利国王查理曼大帝表面上嘲笑人们相信巫术，实际则下令将巫师判处死刑，活活烧死。11世纪，在哈德罗国王统治下的丹麦法院认为，对巫术的信仰远比巫术本身更加危险，并且要对巫师猎人实施更加严厉的惩罚。

整个中世纪，社会大多容忍巫术，公众对其也不以为意，巫师也没有过多地受到惩罚，通常法院会根据巫师被指控的具体罪行进行判决，他们将面临短时间的牢狱之苦或只需交些罚款即

> 《罗马法》中将巫术视为文明的弊端，因为巫术带来了大量传染病，导致粮食欠收。

谁是巫师猎人？

猎巫将军（英国）：

马修·霍普金斯是英国内战时期的巫师猎人。据说 1644 年至 1647 年，他处决了 300 名女巫。他提出了许多荒诞的猎巫方法，其工作还得到了议会批准，但很快那些猎巫方法就导致他名声败坏。尽管如此，其著作《如何发现女巫》（The Discovery of Witches，1647 年出版）一书，却在 17 世纪的美国，尤其是在塞勒姆的殖民者之中广受青睐。

维尔茨堡主教（德国）：

菲利普·阿道夫·冯·埃伦贝格是一位显贵的天主教徒，不但有着贵族血统，而且得到了罗马教皇的支持。他是一位坚定的反新教人士，对消灭巫师有着很高的热情，但这份热情仅仅是为了收复本属于天主教的巴伐利亚自由州（德国南部一州）。到 17 世纪 20 年代末，他开始关注自己管辖范围内的巫师。这期间，没有人是安全的，下到平民百姓，上至达官贵族都可能受到审判。在他统治的 8 年时间里，有 900 多人被处以火刑，其中包括虔诚的神父、他自己的亲外甥，甚至还有年仅 3 岁的孩童。

你是巫师吗？

测试一
你被控有巫术，你认罪吗？

- 认罪 → 第1种死法
- 不认罪 → 测试二
- 不诉讼 → 测试三

测试二
你被按在水中

- 漂浮起来 → 第1种死法
- 沉入水中 → 第2种死法
- 大喊我没有罪 → 测试三

测试三
你会被判处压刑，你是否认罪？

- 大喊我有罪 → 第1种死法
- 不进行诉讼 → 第3种死法

第1种死法
因为是巫师，所以被绑在火刑柱上烧死

第一种死法：

使用巫术的人会被多种方法处以死刑：活活吊死和砍头是最常规的刑法，还有淹死。巴伐利亚大主教，同样也是猎巫运动的狂热分子，他极力主张使用火刑，因为他觉得火是清洗世间邪恶巫术的唯一方法。

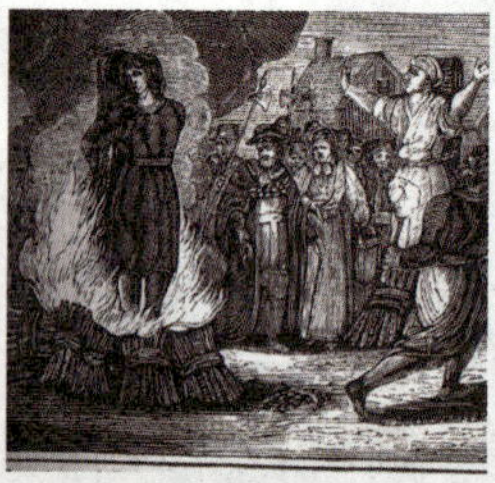

第2种死法
如果沉入水中，会被活活淹死，同时也证明了你的清白，你不是巫师

第二种死法

将右手大拇指与左脚脚趾绑在一起，并将其扔入水池，这是测试一个人是否与恶魔为伍的方法。如果他们被“洗礼水”拒绝，并漂浮在水面上，那么就证明他们会巫术。如果他们沉入了池底，就证明他们是清白的，但不幸的是，他们已被淹死了。

第3种死法
会被活活压死，并且你的遗产将传给你的继承人

第三种死法：

17世纪英国和其殖民地的习惯法规定，如果被告提出诉讼，只有他们服从审判，审判才可以进行。为了胁迫被告人，他们强行扒光被告的衣服，将厚木板压在其胸口，然后将一些石头和重物叠放在上面。他们真正的动机是让被告“保持沉默”：如果被告不认罪，那么王室则不能没收其财产。

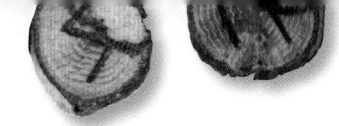

可。12 世纪，罗马天主教宗教裁判所建立，这时社会对于巫术的态度有了变化。最初建立裁判所是为了解决那些从教会中分裂出去并威胁到罗马统治的其他宗教信仰所带来的问题。14 世纪初，宗教裁判所职权范围有所扩大，有时会处理一些与巫师有关的问题。

中世纪后期，公开信奉除天主教以外的教义是极其危险的。罗马天主教皇英诺森八世（1484 年—1492 年在位）于 1484 年发布通谕①，公开谴责杀害婴儿的巫术迷信者，并派雅各布·史宾格与海利奇·克拉马在德国境内调查巫术，出版了影响深远却为人所诟病的合著《女巫之锤》（Malleus Maleficavum-Hammer of Witches）。这本书就是猎巫手册，书中提供了大量证据来证明巫术的存在，教导巫师猎人如何更加有效地识别巫术、检验女巫并对其施以酷刑，同时，也对女性施加了更大的压力。该书一度被广泛传阅，但没过几年，天主教就视该书为禁书，不允许相互传看，主要原因是这本书在非宗教人士中也很流行。但是随着新教改革的来临，这本书及同类型题材的书成为了猎巫的关键。新教教会认可这些书目，是因为它们被罗马和梵蒂冈视为禁书。

随着新教教会席卷欧洲，猎巫运动也在丹麦和苏格兰等诸多王室的鼓励下展开。在宗教迫害的推动下，大批女巫受到牵连，人们的情绪也渐渐失控。所谓女巫，可能只是因为居住在偏远地区，对人们来说是陌生的或仅仅是出现在了错误的时间和地点，就被指控造成了疾病、死亡、灾难（自然灾害或其他灾害）。原告的动机十分随意，也许只是因为相信女巫会带来不幸，当然，也有更加险恶的动机，例如政府想要控制社会或者没收被告的财产。苏格

① 《最高希望》（Summis desiderantes offectibus）。

严刑逼供主要用在那些不立即认罪的人身上。

兰猎巫运动持续到 18 世纪，巫师起初被认为是宣扬迷信的骗子，后来变成了危险的恶魔崇拜者：他们将自己的灵魂卖给了撒旦，并举行了名为"女巫的安息日"的反基督教仪式。1563 年，巫术被立法禁止，在随后的 150 多年中，猎巫者所从事的工作主要是对那些被指控操纵巫术的人进行扎针检验，如果被检验者不流血，就可以成为法院审判的证据。

严刑逼供主要用在那些不立即认罪的人身上。尽管女巫审判集中爆发时期的一大特征就是无视证据和民众的不理智，但酷刑的实施并不是完全随意的，也要遵循一定的程序。总的来说，酷刑分不同强度和残忍程度，一般由书记员负责观察和记录。这样做是为了让被告招供，并且要在酷刑之外进行重复供认，被告即被认定为有罪。并且，即使是那些确信自己无罪的人，在长期遭受残酷和不寻常的惩罚之后，也会承认所有罪行。

英格兰根据 1542 年颁布的《巫术法案》（在 1562 年和 1604 年进行了修订），对女巫施加了严厉的惩罚。发生于 1612 年的彭德尔女巫审判是英格兰著名的几次审判之一，其中有 10 人被处以绞刑，多数为女性。国王詹姆斯一世深受新教神学影响，对巫术和猎巫活动特别感兴趣。因此，那些拒绝参加英格兰教会圣餐仪式的人，例如兰开夏郡彭德尔地区虔诚的天主教教徒，就立即进入了当地治安法官罗杰·诺维尔的视线中。诺维尔通过进一步调查发现，有一些非新教教徒已经将自己视为巫师，专门为社区提供治疗和康复的药水，这是 17 世纪很常见的一种交易形式。在诺维尔传唤了迪瓦斯家族的 3 名成员

后，他被告知迪瓦斯家族的老对手查特克斯杀害了本地 4 名男子，随后查特克斯被传唤，一时间各种指控满天飞，最终导致当地 10 人被处以绞刑。

在欧洲其他地区和北美殖民地也出现过类似的事。德国的一位继承者梅尔加·比恩被判操纵巫术谋杀丈夫，当时她已经怀胎足月，即将生产，未出生的小孩被认定是恶魔的后代。比恩被处以火刑。安娜·科金首当其冲成为丹麦部长的指控对象，原因是在穿越北海的旅途中皇家船只的供给未得到及时补充，于是部长将责任推给了科金，指控其召唤暴风雨，最终科金被判处火刑。

18 世纪，一个更加理性和科学的时代终于来临。伽利略和牛顿等具有开拓性的天文学家和科学家出现，为原来只依靠经验探求真理的人们指明了新方向，他们试图通过观察而不是迷信来探索世界的本质。此时人们对那些仍然相信巫术和支持猎杀女巫的人不太看好，人们不太愿意接受充满惩罚的文化。乔治二世统治期间，于 1735 年颁布的《巫术法案》明确规定，在英国，任何声称自己具有魔力或称自己是女巫的行为，都属于违法行为。随后，其他国家纷纷效仿，最终结束了这场长达两个多世纪的猎巫运动。尽管有近 7 万人在近代早期猎巫运动中被处决，但记录在册的死刑案件只有约 1.2 万起。

塞勒姆女巫审判

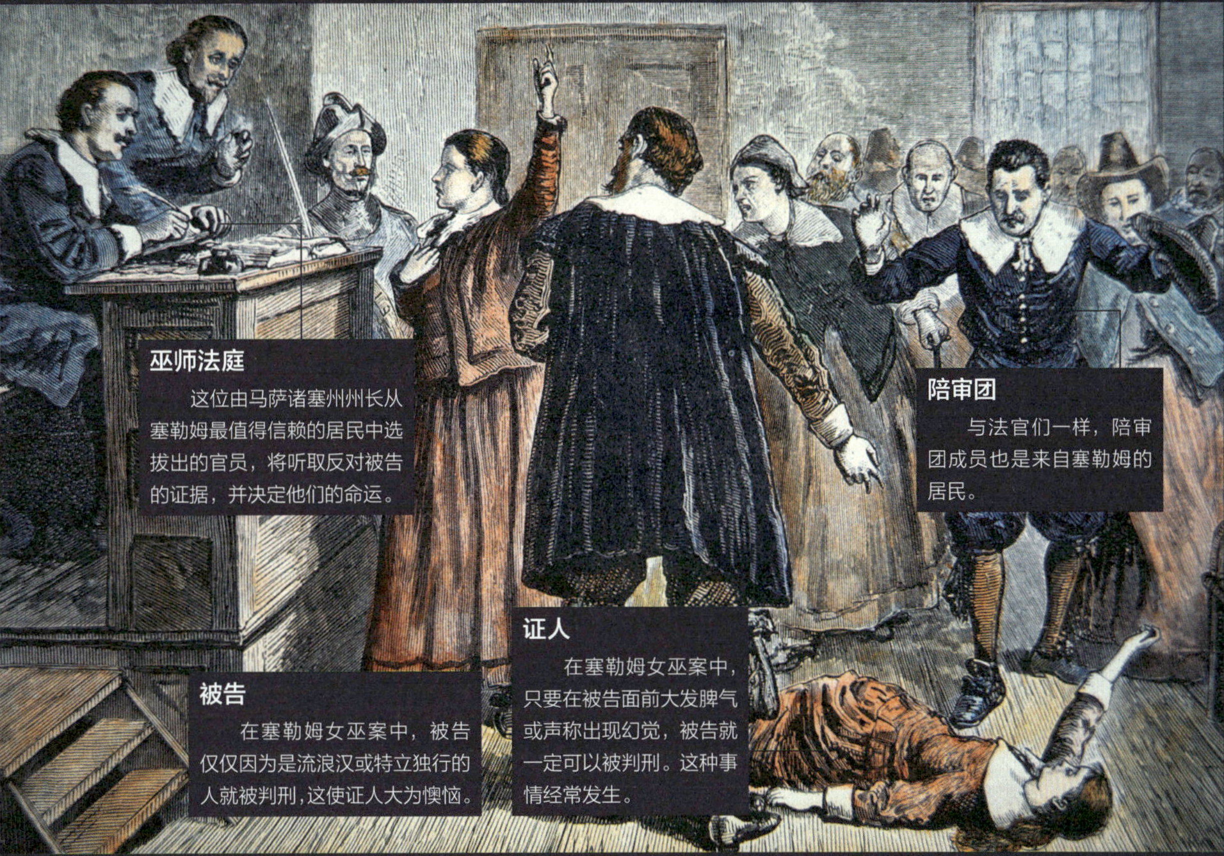

巫师法庭
这位由马萨诸塞州州长从塞勒姆最值得信赖的居民中选拔出的官员,将听取反对被告的证据,并决定他们的命运。

陪审团
与法官们一样,陪审团成员也是来自塞勒姆的居民。

证人
在塞勒姆女巫案中,只要在被告面前大发脾气或声称出现幻觉,被告就一定可以被判刑。这种事情经常发生。

被告
在塞勒姆女巫案中,被告仅仅因为是流浪汉或特立独行的人就被判刑,这使证人大为懊恼。

1692 年,在新英格兰的塞勒姆清教徒社区,发生了有史以来最臭名昭著的一场猎巫运动。医生得出结论,牧师萨缪尔·帕里斯的女儿和侄女受到了女巫诅咒,整个塞勒姆地区陷入了无休止的指控当中。

这场审判在两名年轻女孩和其他同样遭受诅咒折磨的居民的共同支持下举行,先后有 150 多人受到指控,其中多数是妇女,还有一些男人和一个小孩。审判本身就是一场骗局:定罪主要是基于证人的感受和幻觉,这些情绪显然是由于被告在场而引起的。

在 150 多名被告中,有 14 名妇女和 4 名男子被处以绞刑,而一位名叫吉尔斯·科里的男子则受到了酷刑,他的胸口被不断地压上石头,他没有办法进行任何形式的辩护。

巫师的开端

在古代世界,魔法是日常生活的一部分,但是随着人类文明不断发展以及新的宗教派别诞生,巫术和巫师的概念发生了扭曲,变得妖魔化了。

> 女巫可以使男人变为动物的说法其实是作家们编造出来的，但却推动了猎巫运动的兴起。

现代社会的诸多文化中几乎都有巫师的概念。虽然他们的种类不同，但通常都代表着黑暗和邪恶，代表着一些令人恐惧的事物。比起身着白衣、天真浪漫的少女，女巫常常以丑陋和年老的形象示人，当她在酝酿灾祸，竭力争取毫无防范的受害者时，会在大锅前将自己的身体弯曲成平时的两倍。在巫师文化中，女巫是具有强大力量的邪恶存在，可以任意施展自己的能力而不受控制。

巫师的形象也不是一直不变的：就像是经过多年酿造、回火后得到的一味药剂，其中混合着神话、宗教与各种迫害。巫师最早的形象不是邪恶的，而是社会的医治者和捍卫者。例如，在早期的中东社会，女性神灵是受到崇拜的，围绕这些神灵展开的最神圣的仪式也由受过专门训练的女性主持。早期女巫被誉为聪明的女性，对社会至关重要。她们会辅佐国王，军队会专门来到她们面前举行庄严的典礼，怀孕的母亲指望着她们接生。但是为什么早期备受崇拜和尊敬的形象日后会成为邪恶的象征呢？

▲ 拉弥亚常常被描画为人首蛇身，将其与恶魔联系起来

旦的情人，一位住在荒野、掠夺小孩的夜之魔女。在文学作品中，她引诱亚当误入歧途，之后又因不满亚当而离开伊甸园。莉莉丝是一位令人恐惧的女巫，可以使用魔法让他人受尽折磨。这些故事加速了以男性为主导的宗教的流行，在这些宗教看来，巫术和异教徒一样，也被视为危险和不合法的存在。对于犹太教教徒来说，这种方式有利于在崇拜女性神灵的社会树立起自己宗教的统治地位。

希腊神话中也有许多可以施展魔法的女性角色，但是她们并不像莉莉丝那样充满无尽的恶意。美狄亚是古希腊神话中的人物，她是个女巫，运

施展魔法的女性形象在神话中很常见。

对于这种转变有很多不同的评论，其中一个解释为：当印欧地区的人向西边扩张时，他们开始推崇以男性为主导的文化，对象征勇士、战争以及凶猛的男神力量的重视，超过了先前很长时间内备受崇拜的女性神灵，这些形象都使得温柔的女性形象略显被动。虽然我们对于印欧地区了解不多，但是有证据显示，随着以男性为主导的社会的到来和宗教的发展，人们对于魔法以及女巫的认知也的确发生了改变。在一些文学作品中，女巫拥有可以使男人变为动物的能力，这也推动了狂热的猎巫运动的兴起。

通过分析神话中的人物来探究巫师形象的形成，是一种最具体的方式。这些可以施展魔力的女性在古代世界众多神话中都可以找到原型。例如，"魅惑女巫"的典型代表人物是莉莉丝。莉莉丝是犹太教神话传说中的人物，她被记载为撒

▼ 在欧里庇得斯的戏剧中，美狄亚被刻画成一个复仇心切的女性，亲手谋害了自己的孩子

用咒语、药剂和魔法帮助伊阿宋完成了远征。传说中,美狄亚和伊阿宋最终幸福地生活在了一起,并且有了自己的孩子。在这个神话中,美狄亚无疑是一个正面人物,其魔法充满着正能量,帮助伊阿宋获得了成功,美狄亚也知道了自己的价值。帮助男主角是她的责任,之后两人结婚生子,幸福度过一生。

通过希腊女巫喀耳刻的故事,我们可以看到希腊人对于巫师的不同看法。在《奥德赛》中,喀耳刻被刻画为一个危险的女人,可以将奥德修斯的士兵变成猪。喀耳刻使用药剂以及魔杖施展魔法,甚至可以让自己隐身。奥德修斯使用希腊之神赫尔墨斯赠予他的魔杖击败了喀耳刻。最后,大反派喀耳刻发誓再也不会对奥德修斯施展魔法了,并为他的军队提供了食物,且与奥德修斯生活在了一起。这个故事的结尾是幸福的:拥有魔力的女人,虽然曾试图愚弄和欺骗这个男人,但是最后变成了他的爱人、他的妻子。

也有一些拥有魔法的女巫,没有控制住杀人的冲动,这些形象同样可以在希腊神话中找到。人首蛇身的女怪拉弥亚起初是一位美丽的王后,之后却变成了吞食幼童的妖怪。在一些版本的描述中,恶魔上身的拉弥亚腰以下是蛇。拉弥亚变成了令人胆寒的怪物,许多母亲会用拉弥亚的形象来吓唬她们的孩子以此规范孩子的行为。可见,拉弥亚的形象在当时已经渗透到社会中,改变了人们对

> 恩多是出现在《圣经》中的巫师,她可以召唤死灵,在神学家间引起了热烈讨论。

▼ 图中描绘的是奥德修斯抵达喀耳刻宫殿的场景

▲ 莉莉丝的故事告诫人不要被妖艳的外表蒙蔽双眼

▲ 喀耳刻让奥德修斯喝下魔药，将他控制于咒语之下

于魔法以及有能力运用魔法的女性的认知。

古希腊人本身并不反对魔法。实际上，他们有围绕自己的宗教仪式开展的魔法形式，用来唤醒众神的力量。他们反对的是那些缺乏自我认知的女性，所以有许多女性因为分发迷药或说了咒语而被判处死刑的例子。希腊人相信魔法的威力，甚至有一些希腊人十分害怕魔法，于是发起了消灭巫师的运动。国家层面的，比如对众神的仪式，都是可以被接受的，但是社会底层人士，尤其是穷人掌握的魔法就被认为充满着危险，而这些巫师也被看作是与整个社会格格不入的。

罗马文化受到了希腊神话的深刻影响，这种影响体现在对很多事物的认知上，包括对于恶魔以及拥有慈母之心的好女巫的普遍看法。所以罗马人也公开承认魔法的神奇力量。上层社会控制着宗教，并且宗教直接与《罗马法》关联。当罗马帝国出现了新的宗教信仰，或者出现了同样声称拥有魔法的宗教团体时，则会被认为是对神灵的亵渎，并且会威胁罗马父权社会的平衡。女性单从体力上来讲是不能与男性抗衡的，但是借助魔法和宗教却可以做到。罗

> 据说，拉弥亚可以随意取下自己的眼球，因此拥有预言的能力。

▲ 赫卡特是现代异教徒中的一个重要人物

赫卡特：巫师的守护女神

　　在早期希腊神话中，赫卡特是旷野与分娩之神，但随着时间的推移，她成为了巫术女神，甚至是鬼魂女王。赫卡特通常被描绘成有三个头的形象，来表示她性格的表里不一，她可以是月亮、地球、冥界，亦或是少女、母亲与老太婆。人们相信，赫卡特作为巫术女神，可以阻挡邪灵，因此她的画像通常会被放置在门口和城门上。但是，这产生了一种误解，使得人们认为如果赫卡特生气，她也可以让邪灵任意进来。所以，人们认为她守卫着人间与灵界的边界，但基督教教徒对这个威力强大的女巫的看法变得很消极。她与母狗和蛇成为了朋友，甚至可以变身成黑狗，这些说法使她进一步被妖魔化，甚至因为她，人们相信了女巫可以随意变身。到了15世纪，赫卡特受到所有女巫尊敬的观念深入人心，以至于莎士比亚在悲剧《麦克白》中都提到了赫卡特的名字。

马人和希腊人对于拥有魔法的女性深恶痛绝。虽然男性和女性都会施展巫术，但是女性更容易遭受迫害。

在《罗马法》中，使用黑魔法的巫师会被判处死刑。任何使用魔法导致粮食减产或传播疾病的人都会受到严惩。人们普遍认为，女巫会制毒、召唤死灵、影响天气，甚至会变身。在罗马，用火刑处死巫师的做法很早就存在了，远早于将火刑用于基督教教徒。对于罗马统治者来说，处置对社会不满的臣民，火刑是唯一的方法，尤其针对那些信仰不同宗教的人。

基督教在早期发展时受到了其他宗教信仰的冲击，其中最具有代表性的就是伊西斯崇拜。伊西斯是古埃及宗教信仰中的一位女神，不仅仅是在埃及，对她的崇拜甚至传遍了整个罗马帝国，她被敬奉为理想中的母亲和妻子。同样是拥有魔法，但不同于一般神话传说中所描绘的负面形象，伊西斯的形象是向善的，几乎是人们脑海中虚构出来的一个完美女神。她是奴隶、罪人、手工业者和受压迫者的朋友，她也听取富人、少女、贵族和统治者的祷告，是一位将魔力用于益处的慈母。对伊西斯的崇拜起初在罗马帝国遇到了阻力，但当罗马帝国第三位皇帝卡利古拉公开表示了他的支持后，信仰伊西斯的宗教团体便取得了快速发展。实际上，这一宗教在早期是和基督教一起发展的。并且有一种观点认为，伊西斯怀抱荷鲁斯的形象，对早期的基督教产生了一定的影响。

虽然这两种宗教同时取得了发展，但是两个教派之间也有着矛盾、冲突。基督教认为巫术与宗教教义背道而驰，甚至与魔鬼有着某种关联。伊西斯和她的魔法被认作邪恶的异教信仰。随着基督教不断传播，狂热崇拜伊西斯和其他异教的神逐渐被视为违法行为。伊西斯的神殿修筑在埃

▲ 在一些受埃及影响的希腊作品中，赫卡特长有狗、蛇和马三头

古代世界的魔法
人类历史早期，就出现了魔法。

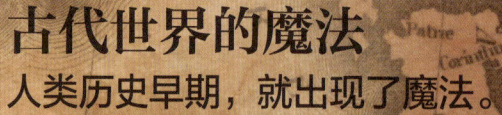

以色列
尽管魔法在古代犹太世界中受到统治者谴责，但在古希伯来文化中，有许多在我们看来是"运用魔法"的例子。人们发明了神奇的食谱与咒语，并有各种驱魔仪式、各式护身符，以及用于医疗的魔法。尽管一些犹太领导人谴责这种做法，但大多数人根本不这样认为，甚至有些人亲自试用了魔法。

埃及
从生到死，古埃及人对魔法的信仰充斥在生活的方方面面。日常生活中，他们经常使用护身符、仪式和魔法图像，会魔法的牧师能够让魔法之神赫卡特的力量更充分地发挥。魔法与医学同时存在，有时医生要与魔法师并肩作战，因为上帝需要被召唤来应对一些"超自然"疾病。

据说，因为伊西斯为哥哥和丈夫欧西里斯哭泣，所以尼罗河每年都会暴发洪水。

及北部的菲莱岛上，几千年来，这里一直是其信徒的朝圣之地，直到公元6世纪，被推崇基督教的东罗马帝国皇帝查士丁尼关闭。

基督教经历了漫长的发展，很难想象其在发展过程中几乎没有受到其他宗教的影响。对于基督教来说，巫术是迷信。早期的基督教将信仰巫术者视作受到了魔鬼的欺骗，将其处决。这与当时许多正在蓬勃发展中的教派是对立的。甚至任何相信巫术真实存在的人都被妖魔化了，异教徒一个接一个被处死。

魔法刚刚出现时，法律中反对的声音就已经此起彼伏。这些反对巫术和巫师的观点大多是对快速发展的宗教的回应，也是对与自己所属不同的信仰体系的反对，我们可以从犹太教和基督教的传播发展中得到这些

> 357年，君士坦丁禁止使用魔法，声称使用魔法的人是全民公敌。

苏美尔

苏美尔人有一套完整的"恶魔学",以此来维系自己的社会。他们认为世界充满了邪灵,每个人都应该有自己的神灵来保护他们免受恶魔的袭击。魔法,包括护身符、咒语,甚至驱魔仪式,都被认为是对抗这些超自然力量的唯一方法。

亚述

像苏美尔人一样,亚述人认为,所有疾病都是恶魔造成的,除草药处方外,患者还可以通过一些咒语来治疗诸如牙痛之类的常见疾病。他们相信吸血鬼的存在,并且认为传说中的"亚述七恶魔"指的就是吸血鬼。

迦勒底

迦勒底以其强大的魔法教法而闻名,以至于后来当这片土地被波斯帝国吞并后,"迦勒底"一词直接被用来形容擅长咒语和魔法的社会阶层。当地人发明了各种咒语;迦勒底神父相信各种恶魔、鬼魂和神灵的存在。他们会通过占卜来预测未来,也会画出魔法阵来驱除恶魔。

巴比伦

魔法是巴比伦人日常生活不可或缺的一部分。死者的灵魂会被召唤回来,为人们提供咨询,甚至去纠缠活人。人们认为石头和草药具有神奇的特性,并且用它们制成雕像和护身符来驱魔。

结论。即使在魔法盛行的古希腊与古罗马,法律中也严格规定了哪些是"可以在社会中存在的魔法"。希腊罗马神话中对于女巫的描述为社会大众展示了理想化的女性形象,也从侧面规范了女性的行为,任何违反规定的人都将和神话中的恶魔形象画上等号。

几百年来,神话传说中这些女性形象让大众对于女巫有了进一步的"认识",与此同时,这些"认识"也殃及了成百上千的无辜女性。

> 埃及艳后对伊西斯狂热崇拜,她自称是伊西斯的转世女神。

15大知名女巫

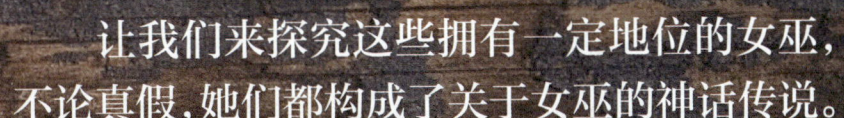

让我们来探究这些拥有一定地位的女巫，
不论真假，她们都构成了关于女巫的神话传说。

通过现代历史学家的眼睛回顾过去，回顾女巫审判和发生在她们身上的种种事情，虽然充满了暴力和不可思议，却很难拨动人们的心弦。因为在今人看来，指控他人使用魔法并对其进行审判的情景只会发生在英国戏剧团体"巨蟒组"的喜剧设计中，而不会出现在真实的文明社会中。但是，在当时这些罪名是致命的，一点都不是闹着玩的。

几百年间，数千人因为被指控使用巫术而受尽折磨，甚至被虐待致死。生活在猎巫运动时期的人们，要么信奉宗教，要么受到严惩。被审判的女性通常处于社会底层，有的甚至经历了两三次婚姻，有的处于伤病愈合期。遇到粮食丰收、牲畜健康的年份，这些人将幸免于难，会受到全体社会包容。但是，当寒冬袭来，粮食减产或者村民染上不知名的疾病时，这些被社会抛弃的女性就会成为人们怀疑的对象。

猎巫运动不断发展，人们内心的恐惧和担忧逐渐演变成为癔病，村民们以各种各样的罪名被指控，包括与恶魔往来、食婴、破坏他人庄稼以及手持钢叉在空中乱飞等。审判往往不再是为了清除所谓的恶魔，而成为了仇人间算旧账的绝佳手段。

一旦被指控，也就意味着失去了希望，因为要证明自己的清白是一件很难的事，并且大部分自证清白的行为会被认为是在施展巫术。被告要付出惨痛的代价，最终等待大部分人的将是酷刑，通常会被吊死、活活烧死、按在水中淹死或砍头，而这些往往发生在严刑逼供后。

▲ 高迪的部分证词涉及"黑约翰(Black john)"如何问责并严惩不服从命令的巫师

伊莎贝尔·高迪

地点：苏格兰 奥尔德恩
被指控年份：1662 年

伊莎贝尔·高迪之所以能够成为 15 大臭名昭著的女巫之一，有两个原因。第一，她叙述详细的证词，为认识欧洲猎巫运动末期有关巫术的民间传说提供了参考；第二，是她主动提供的信息，而不是遭到逼供后招认的。

实际上，我们对高迪的情况知之甚少：人们普遍认为高迪社会地位低下，没有接受过教育，但是关于高迪到底是被抓的，还是自首的，却找不到任何记录。民间更倾向于她是在没有遭到逼供的情况下主动招供的。1662 年 4 月 10 日，也就是高迪招供的三天前，枢密院禁止了对受指控女巫刑讯逼供的行为。

高迪没有接受过教育并且社会地位低下，但这些毫不影响她讲故事的能力。她使出浑身解数来招认自己的罪行，包括如何放弃洗礼仪式以被撒旦做了标记，如骑着马乱飞、与仙子女皇交往、变身为寒鸦、手持撒旦制做的精灵箭射杀无辜平民和牲畜，以及唱圣歌、念咒语的种种细节。高迪在招供时还提到了其他女巫的姓名，因此导致 41 人被捕。

虽然没有关于高迪去世的记录，但是在 1678 年之前，枢密院审判的大多数苏格兰女巫会被勒死并处以火刑。

杰奎塔·伍德维尔

地点：英格兰 沃里克
被指控年份：1469 年

杰奎塔·伍德维尔作为贝德福德公爵夫人，认识许多声名显赫的人物，并且自己的女儿伊丽莎白·伍德维尔嫁给了英格兰国王爱德华四世，但尽管这样，她仍被指控为女巫。

指控者托马斯·韦克是沃里克伯爵理查德·内维尔的追随者。当时，爱德华四世被内维尔俘获，伍德维尔的丈夫和儿子也被其处死了，于是韦克决定利用这个千载难逢的时机好好宣扬一下杰奎塔的"罪行"，他前往沃里克城堡，宣称伍德维尔利用最高统治者施展巫术。此外，他还说服一位名叫约翰·丹格的教区职员，称伍德维尔通过操纵巫术维持着国王和王后的婚姻。伍德维尔被捕后被移至沃里克城堡。

但是她拒绝接受自己的命运，于是联系到了伦敦当地官员，并再三提醒他们当时她是如何说服亨利六世的妻子安茹的玛格丽特将伦敦从兰开斯特人的手中解放出来的。这些官员答应帮助她，很快就与克拉伦斯公爵取得了联系，值得一提的是这位公爵与沃里克伯爵是伙伴关系。

伍德维尔一案受到很多人关注，但最终她却被判处轻刑。当爱德华四世被释放后，这桩案件也就不了了之了。1470 年 1 月，伍德维尔在枢密院对韦克发起反抗，指控其对自己所做的一切完全是出于私人恩怨。先前支持韦克的人也纷纷改口，最后法院宣判伍德维尔无罪。虽然她从未完全摆脱指控，但却要求将改判记录在案。

> 伍德维尔一案受到很多人关注，最终她却被判处轻刑。

▲ 这幅图显示伍德维尔操纵巫术，促成了其女儿伊丽莎白·伍德维尔与爱德华四世的婚姻

▲ 希普顿修女的预言十分准确,与法国预言家诺查丹玛斯不相上下

希普顿修女

地点:约克郡 纳尔斯伯勒
被指控年份:无

谈到女巫,人们脑海中一定会浮现出一个长着鹰钩鼻、皮肤干瘪、佝偻着身子的老妇人形象,这一形象源于 16 世纪臭名远扬的女巫希普顿修女。

阿加莎·苏塞尔是希普顿修女的母亲,也被认为是女巫,据她说,希普顿(真名为:乌苏拉)在一个山洞出生,满嘴龅牙,眼睛凸起,身体畸形,人们称其为恶魔撒旦之女。

除了长相,关于希普顿的传说还包括她有预知未来的能力。据说,她的预测十分准确,并且很受欢迎,有的人会不远万里专门来向她请教。她也经常被叫去使用魔力来解决争端。在预测方面,希普顿非常精明,以至于被指控者通常会主动认罪。但是久而久之,她预测的范围越来越大,几乎涵盖了社会上的所有事情,其中包括苏格兰玛丽女王被处死、西班牙无敌舰队的失败以及 1665 年暴发的伦敦大瘟疫。她的名字还时常与 1666 年伦敦大火的预言紧密地联系在一起。

希普顿修女在 1561 年去世。理查德·海德主编了一本关于希普顿预言的书,于 1684 年出版。虽然后来海德承认这部自传体小说中的一些细节是编造的,但是希普顿修女仍然被认作英格兰最有名气的女预言家。

马雷特·琼斯多特

地点: 瑞典 阿尔夫达伦
被指控年份: 1668 年、1672 年

▲ 图中是由琼斯多特审判和癔病暴发导致的莫拉女巫审判的场景

"巨大噪声"(1668 年—1676 年)是一场席卷整个瑞典的猎巫运动,马雷特·琼斯多特成为这场运动中第一位受到影响的人,而这一切与一位名叫格特鲁德的 12 岁小姑娘有关。据说,这个小姑娘被质疑可以在水上行走,并且,她在质疑者的鼓动下,声称是女巫琼斯多特传授给自己的天赋。

但是存在一个问题,瑞典法律已经废除了对不认罪嫌疑犯的处决,同时琼斯多特一直坚称自己是清白的。然而,法庭想要给她定罪,于是制订了一项计划,让牧师告知她无论是否认罪,都将被执行死刑,但是如果认罪的话,她将领受圣餐,死后可以进入天堂。但是琼斯多特仍然坚称自己是无辜的,于是被送回了监狱。

虽然琼斯多特被关在监狱里,但是她依然坚称自己无罪,这时一场可怕的癔病肆虐着整个瑞典,也直接导致了莫拉女巫审判,其中有 60 人被指控操控巫术,14 人被残忍杀害。

1672 年 4 月 16 日,瑞典掌权者失去了耐心,凭借证词和琼斯多特手上的一处胎记判处其使用巫术罪。同年 9 月,她与其他 33 人被处决。在 1674 年,为了防止一些声称自己无罪的女巫有可乘之机,法院宣布巫师嫌疑犯没有必要认罪,可直接受惩罚。

阿格尼丝·沃特豪斯

地点：英格兰
被指控年份：1566 年

阿格尼丝·沃特豪斯被称为英格兰历史上最有名气的女巫，这一名头似乎让"操纵巫术"这一行为听起来是件很光荣的事情。同时，她也是第一位被指控使用巫术并被世俗法庭判处死刑的女巫，这样的审判很少见，因为基督教没有参与其中。

沃特豪斯有一只叫撒旦的猫，据她说，这只猫可以杀害其他动物，并变身为一只蟾蜍。据传，沃特豪斯的女儿琼来找这只蟾蜍帮忙，因为邻居家的小孩阿格尼丝·布朗拒绝分食物给她，蟾蜍承诺只要琼交出自己的灵魂，就给予帮助，琼思考再三答应了这个条件，于是蟾蜍变成了一条黑狗去捕杀布朗。

这件事成为了沃特豪斯案件的关键。在布朗的证词中，他称黑狗的头上长有角，并用一把刀威胁他。当他问狗主人是谁时，只见蟾蜍用头指向了沃特豪斯的家，蟾蜍也成为该案的关键证据。

尽管审判过程中沃特豪斯一直逞能，但面对即将到来的死亡时，她还是祈祷能够得到上帝的原谅，审判结束两天后，沃特豪斯被执行死刑。

▲ 阿格尼丝·沃特豪斯的木刻画，她是第一位被世俗法庭判处死刑的女巫

凯瑟琳·蒙弗阿辛

地点：法国 巴黎
被指控年份：1680 年

凯瑟琳·蒙弗阿辛是法国的一位女巫，名声极坏，可以制造毒药，且据说一连串的谋杀案也与她做黑弥撒有关。虽然她最终被处以火刑，但在这之前她因为会占卜、提供魔法药剂和助产，所以在巴黎贵族社会中很受欢迎。

但是情况从 1675 年开始变得糟糕。布兰维利耶夫人因为用毒药毒死四位家人，包括父亲、一位兄弟和两个姐妹以争夺遗产，于是被逮捕，接受审判。这位夫人认了罪并受到处决。与此同时，她的审判引起了人们对于离奇死亡事件的关注，一时间，炼金术士和预言家都受到了集中审讯。

预言家玛丽·博斯与凯瑟琳也牵涉其中。凯瑟琳供出很多法国宫廷的显赫人物，其中包括国王路易十四的情妇玛奇丝。但是她的做法并没有换来回报，相反，她被判处操纵巫术罪和毒害罪，在巴黎市中心的沙滩广场被处以火刑。

▲ 17 世纪的凯瑟琳画像，一个长有翅膀的恶魔围绕在她周围

莎拉·古德

地点：马萨诸塞州 塞勒姆
被指控年份：1692 年

▲ 古德一案的审判引发了大量对女巫的指控，一些女巫嫌疑者也一并遭到了处决

  塞勒姆女巫审判在女巫审判历史中占据着近乎神话的地位，癔病和人们对女巫的偏见最终使恐慌演变成为了暴力。

  莎拉·古德成为了审判中的第一个受害者。为了偿还第一任丈夫的欠款，莎拉失去了房子和所有财产，于是被迫在社区内进行乞讨。她会诅咒那些不主动提供帮助的人，这一行为后来一直被用来对付她。

  1692 年 2 月 25 日，阿比盖尔·威廉姆斯和伊丽莎白·贝蒂举报古德，称其使用咒语，导致她们俩身体发生奇怪的抽搐。审讯开始于 3 月 15 日，其中一个指控者起诉古德使用幽灵刺伤她，并用一把破碎的刀作为证据，但真相是：这把刀属于在场的一位观众，是被其不小心给扔出去的，并非是古德使用了巫术。审讯现场，古德的丈夫证实她的后背上有一块象征女巫的印记，紧接着，她年仅 4 岁的女儿晃动手指上的咬痕，说是自己妈妈咬的。

  1692 年 7 月 19 日，古德被执行绞刑。塞勒姆的一位名叫尼古拉斯·诺伊斯的神父逼迫古德认罪，古德回答道："我不是女巫，就像你也不是男巫一样，如果你夺走了我的生命，那么你也将受到惩罚。"不久后，这位神父死于脑溢血。

▲ 传说摩尔·戴尔对整个伦纳德顿的居民下了诅咒

摩尔·戴尔

地点：马里兰州 伦纳德顿
被指控年份：1697 年

摩尔·戴尔这个人物十分有趣，虽然大部分人认为关于戴尔的记录仅仅是个故事，但是却很完美地解释了女巫审判所引发的癔病。据说戴尔是爱尔兰女贵族，她离开家乡是想逃离一段不堪的往事。她在一间偏僻的小屋里生活，有时会以药草师为职业。戴尔的生活方式引起了当地村民的怀疑，于是他们就散播谣言，称她是一个女巫。但是只要她保持沉默，她就不会成为他人口中的威胁。

很不幸，一系列突如其来的自然灾害改变了这一切。1697 年冬天，马里兰州变得异常寒冷，造成多人遇难，粮食紧缺。村民开始将目光放在戴尔身上，一时间流言四起，对戴尔口诛笔伐。紧接着，一场流行病（可能是流感）夺去了村里很多人的性命。对于眼前的一切，村民们忍无可忍，他们在一个寒冷的夜晚，放火烧了戴尔的家。可怜的戴尔只能逃进了森林。这一切压得戴尔喘不过气来，她跪在一块大石头上，一只手按在上面，对着大地和迫害者下了诅咒。几天后，当人们把她的尸体移走后，有一个手印留在了石头上，成为了戴尔咒语的永恒印记。

这块大石头现在位于伦纳德顿法院门口，虽然已经看不到手印，但是每一位来此观赏的游客还隐约能感受到戴尔当初所经历的痛苦。传说每年最冷的那几天晚上，人们就会看到一个披着白色长发，身着白裙的女人从森林中穿过，路上还有一只白色大狗，据说这条路经常发生意外，夜行者要小心了。

爱丽丝·吉蒂勒

地点：爱尔兰 基尔肯尼
被指控年份：1324 年

　　爱丽丝·吉蒂勒指控案因为两个"第一"受到人们关注：她的案件是全欧洲第一次巫师审判，也是第一次关于女巫与恶魔发生性行为的记录。

　　吉蒂勒曾被控告谋害自己的第一任丈夫。1324 年，她的第四任丈夫，也就是最后一任丈夫约翰·勒坡爵士陡生怪病，临死前起了疑心，怀疑自己被人下了毒。当他死后，对吉蒂勒的控告便开始了。他的儿女们一致起诉，控告吉蒂勒用毒药和巫术害死了他们的父亲，同时他们还指控吉蒂勒以及她的仆人和仆人的儿子否定基督教、亵渎神灵，并且向恶魔献祭。这些控告引起了重视，吉蒂勒和她的手下被正式调查，其中包括迷信异端学说、使用魔法药水迷惑基督徒、谋害他人以及与恶魔发生性行为等罪名。

　　吉蒂勒拒绝接受这些指控，并利用自己的影响力让负责侦破此案的教区主教理查德遭到逮捕。这引起了最高法院院长约翰·达西的注意，他亲自前往基尔肯尼一探究竟，最终证明了大主教理查德的清白，并尝试逮捕吉蒂勒，同时将关注点放在了她的仆人身上。这位名叫佩特涅拉·德·米斯的仆人受尽了折磨，最终承认自己是女巫，她后来成了吉蒂勒的替死鬼，在柱子上接受了火刑。而有钱兼有影响力的吉蒂勒在受刑前夜从基尔肯尼城堡内成功逃脱，遁往英格兰，从此再无音信。

艾丽森·迪瓦斯

地点：英格兰 兰开夏
被指控年份：1612 年

艾丽森·迪瓦斯和约翰·劳的案件引起了当地法官罗杰·诺埃尔的注意，两个人在彭德尔女巫审判中被处死。

艾丽森·迪瓦斯的外祖母老德姆代克被认为是女巫。有一天，迪瓦斯在前往森林的路上遇到了小贩约翰·劳，便向他要一些大头针。要知道在 17 世纪，大头针被认为有治病和使人恋爱的功效。劳拒绝了迪瓦斯的要求，一方面她没有钱，另一方面自己也不想只卖少量的货。于是两个人继续上路了，不一会儿，迪瓦斯看到劳从马背上摔了下去，好像是中风了。

起初，劳没有起诉迪瓦斯，但是很显然迪瓦斯确信自己对劳使用了巫术，并试图寻求他的原谅。

迪瓦斯以及她的母亲和哥哥被带到了法官诺埃尔面前。迪瓦斯承认自己将灵魂卖给了恶魔，哥哥也向法官透露了迪瓦斯曾经对一个小孩施展魔法的过程。她还被问起另一个女巫家族族长安妮·惠特尔的事情。据说这两个家族向来不和，迪瓦斯指控惠特尔操纵巫术害死了 4 个人，但是一切都于事无补，最终迪瓦斯在绞刑山被处以绞刑。

▲ 安妮·惠特尔被指控操纵巫术害死了包括其父在内的 4 个人

艾格尼丝·桑普森

地点：苏格兰 基斯
被指控年份：1590 年

苏格兰北贝里克女巫审判共处死 70 人，艾格尼丝·桑普森是第一位受害者，她承认自己操控巫术并且密谋伤害国王和王后。

一切开始于万圣节当晚，桑普森参加了据说是撒旦亲自举办的夜半集会。集会期间，女巫们使用巫术在北海海域引发了一场致命的风暴，其目的是要将前往苏格兰的安妮王后的船掀翻。虽然王后的旅行泡汤了，但是其乘坐的船依然可以漂浮在水上。

桑普森想抓住机会再引发一场强风暴，这次的目标是国王詹姆斯六世乘坐的船。当国王听说有人操纵巫术后大发雷霆，于是决定亲自审讯这些女巫。事实上，詹姆斯六世起初并不确定桑普森有罪，但是在桑普森最后一次忏悔后，他改变了主意。桑普森被判有罪，执行绞刑后又被绑在城堡山丘上的柱子上处以火刑。

瓦拉普达

地点：德国 迪林根
被指控年份：1587 年

寡妇瓦拉普达在被捕之前是一位工作了近 20 年的助产士，她被控操纵巫术、吸人膏血和虐待儿童。这些莫须有的控告不知从何而来，但在狱中受尽折磨和摧残后，她竟然做出了一系列匪夷所思的供认。瓦拉普达声称自己在 1556 年失去丈夫后开始了堕落的生活，她安排了与一位同事的幽会，然而这位同事并没有赴约，取而代之的是一位恶魔出现在了她的房间，并与她发生了关系。

显然一切都发展得很顺利，因为这位名叫费德林的恶魔再一次见到了瓦拉普达，并答应只要她向撒旦发誓，今后她将衣食无忧。瓦拉普达照做了。费德林用一把干草叉，带她飞到了撒旦身边。在那里，他们确认了合约。

瓦拉普达还透露费德林是如何给她一种药膏，她又是如何利用此药膏来破坏粮食收成，伤害儿童、大人和动物的。

教会和王室都认为瓦拉普达有罪，判处其死刑。接着，瓦拉普达被游街示众，游街途中，在各个站点都要停下来遭受酷刑，受尽屈辱与折磨。经过五六站后，她的胸部、两个胳膊和左手都被铁器刺破了，到达处决的地方后，先是她的右手被砍断，随后她被绑在木桩上活活烧死，尸骨无存。

> 当国王听说有人操纵巫术后大发雷霆，于是决定亲自审讯这些女巫。

▲ 撒旦引诱女巫的主题在巫师审判中大量出现

以女巫为题材的影视创作

女巫与女巫审判不仅为研究过去的社会提供了有价值的史料，与此同时，相关题材也大量出现在当代影视作品中。

《女巫》（2015年）

大约17世纪

虽然这部影片没有采用真实的女巫形象来拍摄，但是导演罗伯特·艾格斯投入了大量时间来研究有关女巫审判的历史，试图在影片中还原当时的气氛。这些努力的确奏效了。影片中，一个家庭因为大女儿被怀疑是女巫而发生了一系列匪夷所思的离奇事件，这完美地契合了真实事件中环境改变、食物短缺和迷信对人们认知变化的影响。

▲ 一大群人围着女巫的情景在新大陆很流行

《美国怪谈》（2005年）

关于贝尔女巫的传说

1817年夏天，追捕贝尔女巫的行动在田纳西州开始了。行动围绕约翰·贝尔一家展开，约翰的女儿贝西尤其受到关注。贝尔女巫曾透露要杀害约翰·贝尔。果然，约翰在1820年去世了，据说是被女巫毒死的。作为一个悲剧，电影在创作过程中放大并增加了一些细节。

▲ 贝西·贝尔，贝尔女巫追捕行动的受害者

《美国恐怖故事：女巫集会》（2013年）

玛芮·拉芙

《美国恐怖故事》第三季中的许多角色都是根据历史上的真人创作的，但是其中最容易辨认出的就是玛芮·拉芙。演员安吉拉·贝塞特所扮演的巫毒女巫玛芮·拉芙就是根据历史事件创作的。虽然关于拉芙没有过多的记载，但是她在全美尤其在新奥尔良是一个传奇人物。

▲ 巫毒女巫玛芮·拉芙在新奥尔良臭名远扬

安吉拉·巴特

地点：法国 图卢兹
被指控年份：1275年

据说巴特与恶魔发生关系，生下了一个狼头蛇尾的怪物，并以婴儿为食，这些都直接导致了安吉拉·巴特的死亡。

巴特信奉中世纪的基督教派别卡特里派，但是天主教认为该教为异教。雨果·波努瓦是异端审判的裁判人，他指控巴特绑架并杀害儿童，在过去两年间有大量孩子失踪，他认为这也与巴特有关。

巴特被严刑拷打后，终于坦白了一切，她说她的怪物孩子为了防止被抓已经跑了。就这样认罪后，巴特被活活烧死。

长久以来，巴特被认为是第一位在中世纪女巫审判中以使用异教巫术为罪名而遭到处决的人。但是现在，许多人认为巴特的故事是虚构的，因为关于这场审判没有留下任何可以查证的记录。巴特也许只是宗教狂热的一个牺牲品，某种意义上，她也许是一个与异教不沾边的人，只是受害于狂热的异端审判者与社会大众的不信任。

▲ 巴特的故事无论真假，被处行火刑都是女巫难逃的下场

提图芭

地点：马萨诸塞州 塞勒姆
被指控年份：1692 年

▲ 提图芭虽然是第一个受到指控的女巫，但是她幸运地躲过一劫

黑人女奴提图芭有可能是塞勒姆女巫审判中第一个被指控的女巫。她是牧师塞缪尔·帕里斯的奴隶，塞缪尔身边的女孩得了怪病，全身抽搐。在塞缪尔的压力下，伊丽莎白·贝蒂和阿比盖尔·威廉姆斯指控了黑人女奴提图芭、乞丐莎拉·古德和经常缺席教会活动的莎拉·奥斯本，称三人使用巫术。提图芭与古德不同，她在认罪后，继续控告其他使用巫术的人，这样相互揭发的行为也经常出现在其他审判中。

提图芭虽然被怀疑是女巫，但由于她并非出生在塞勒姆当地，于是也就未被处决，并且可以立即被释放。可是主人塞缪尔不愿意支付提图芭在监狱中的费用，她不得不在监狱里待了 13 个月。但不久后，一位陌生人支付了费用，将她带离了塞勒姆。在这之后，关于提图芭的消息再也没有出现过。

梅尔甘·比安

地点：德国 富尔达
被指控年份：1603 年

德国富尔达地区在中世纪时并不是一个适合人居住的地方，对于梅尔甘·比安来说更是如此，因为她在 1603 年—1605 年的富尔达女巫审判中被处死了。

与其他女巫审判一样，富尔达修道院的王子伯恩萨尔·冯·德恩巴赫认为女巫是造成社会动荡不安的原因，于是发动了大规模追捕行动。讽刺的是，德恩巴赫之前曾被流放近 20 年，就是因为自己行为不端。他为摆脱流放罪名所做的第一个努力就是发动猎巫行动，铲除一切亵渎神灵的活动。

不幸的是，比安在这种情况下回到了富尔达，她发现城市中弥漫着恐惧与猜忌，同时，她还发现自己怀孕了。怀孕对于女性来说很正常，但是在比安嫁给丈夫的 14 年中从未怀孕成功过，而

▲ 在富尔达女巫审判期间，这座城堡被用来关押女巫

现在却怀孕了，当地居民因此得出了一个结论：是恶魔使她怀孕的。

比安被逮捕了，她被迫承认杀害了自己的第二任丈夫和现任丈夫老板的孩子，承认参加了黑色安息日，也承认了怀孕与撒旦有关。

1603 年秋，比安被判有罪，被处以火刑，成为富尔达女巫审判中被处死的 200 人之一。

女巫被迫害时间表

在欧洲,从14世纪开始,被怀疑会使用巫术是一件很危险的事情,这些嫌疑人往往面临着死亡。

教皇将巫术与异教联系在一起
教皇约翰二十二世发表诏书,将巫术、异教与恶魔联系在一起,这也成为随后几个世纪欧洲大陆的中心主题。

1316

瑞士:瓦莱州女巫审判
瓦莱州女巫审判是欧洲女巫审判的开端。当时,女巫被指控的罪名包括飞行、同类相食以及操纵巫术将人变为狼。1428年—1447年,至少有367人被处以火刑。

1428

《女巫之锤》
德国牧师雅各布·史宾格与海利奇·克拉马调查巫术,出版了影响深远却为人诟病的合著《女巫之锤》。这本书就是猎巫手册,书中提供了大量证据来证明巫术的存在。

1487

伊莎贝尔·高迪的供认
高迪是苏格兰最有名的女巫,她在未遭受逼供的情况下四次供认罪行,罪名包括用精灵之力伤害他人、破坏庄稼以及与仙子女皇交往。但是,关于高迪的死没有任何官方记载。

1662

"女巫恐慌者"马修·霍普金斯
在东英格兰,自封为"猎巫将军"的马修开始对付整个地区的女巫。他凭借伪证和侧重提问的审讯技巧,在整个英格兰刮起了一阵"女巫恐慌"之风。

1644

法国卢丹
在卢丹女修道院,乌尔苏拉会的修女声称恶灵曾经出现在她们面前,并缠住她们不放,于尔班·格兰第神父被判召唤恶魔罪,处以火刑。

1634

英格兰最后一次女巫审判
玛丽·特仑布尔斯、坦珀·伦斯劳埃德和苏珊娜·爱德华兹被称作"比迪福德女巫",她们是英国最后被处死的女巫。

1682

在这3人被处死之后的300多年里,许多人曾努力为她们找回清白。

塞勒姆女巫审判

200 在塞勒姆,大约有200人被指控操纵巫术,其中20人被判有罪,受到处决。

20 20人被判有罪,受到处决。

2 巫师吉尔斯·科里在死之前遭受了整整两天的折磨。

1692

英格兰结束了女巫审判
1736年,大名鼎鼎的《巫术法案》问世了,从这时起,操纵巫术在法律中已经不再是罪名,而指控他人操纵巫术或自认为女巫的行为将受到法律制裁。最高刑期为1年。

1736

《英格兰巫术法案》通过

根据法案，使用巫术导致他人死亡是重罪，会被处死。如果引起疾病或毁坏财物，将会判1年监禁和戴上镣铐示众。

1563

《巫术的真相》

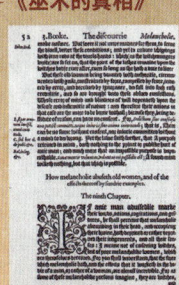

雷金纳德·斯科特发表了巨著《巫术的真相》（The Discoverie of Witchcraft），通过搜集到的大量证据和实例来说明巫术根本不存在，并且反对指控和审讯女巫等错误做法。

1584

北贝里克女巫审判

70 两年里一共有70人被指控。

4 艾格尼丝·桑普森被逼供时，女巫缰绳（一种惩罚女巫的工具）上的4根尖叉扎进了她的嘴里。

2500 在整个女巫审判中，苏格兰有大约2500人被处死。

1590

> 詹姆斯一世也亲自参与了女巫审判，因为他认为女巫曾引起一场风暴，试图掀翻他所乘坐的船。

维尔茨堡女巫审判

157 157人被砍头后处以火刑。

219 共计219人被处死。

900 整个维尔茨堡王子主教区有900人被害。

1626-1631

彭德尔女巫审判

彭德尔女巫案在整个中世纪女巫审判中是最有名的，并且首次提到"女巫帮"这个概念。10名女巫被执行死刑，1名死在狱中，仅有1名女巫被宣布无罪。

1612

> 9岁女孩詹妮特·迪瓦斯提供的证词推动了彭德尔女巫审判的进行。

英格兰加强巫术立法

詹姆斯一世（同时也是苏格兰国王詹姆斯六世）对猎巫运动有着极大的兴趣。按照当时的法律，用巫术召唤恶魔或者与恶魔交流是等同于叛国罪的重罪，将面临死刑。

1604

瑞士格拉鲁斯，安娜·果尔迪被处死

果尔迪是楚迪家族的一位女仆，她被指控将针放在楚迪女儿的食物中。在逼供下，她承认与恶魔签订了协约，最终惨遭斩首。果尔迪的死标志着臭名昭著的女巫审判运动终于退出历史舞台。

1782

局势扭转

苏珊娜·塞利克被人打了，因为有人说她是女巫，但是塞利克没有受到影响，成功将施暴者告上了法庭，这是她第二次将诬告者告上法庭。

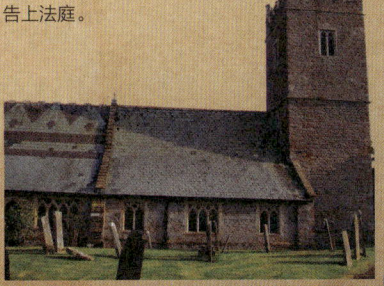

1852

海伦·邓肯被监禁

根据1735年发布的《巫术法案》和一些未经证实的消息，海伦因骗取他人钱财被判处有期徒刑9个月。有人说，邓肯被捕是因为害怕她操纵巫术以威胁战时和平。

1944

> 据说邓肯通过巫术将两艘英国战舰沉入海底。

《女巫的安息日》

这幅油画是由荷兰黄金时代画家克拉斯·雅各布斯·范德赫克创作的,他最擅长画的就是广袤的风景画。画中怪物和女巫聚集在梦幻般的废墟中举行各种仪式,正中间是一个长相奇特的怪物,双腿分开跨坐在一个地球仪上。在这幅画中可以找到许多与巫术相关的元素,例如驼背的女人靠着一口大锅,挚友相伴左右。天空中有无数的恶魔和各类物种,其中也包括骑着扫帚的长袍人。

怀疑与恐惧

中世纪欧洲如何从对女巫力量的怀疑转变为对这个神秘群体的恐惧，并且颠覆了社会大众的认知。

中世纪欧洲从各个方面来看都是一段黑色的历史。在巫术方面，任何一名女性，甚至年迈体弱的老妇人都会仅仅因为邻居的一句诽谤或者异于常人的"聪慧"而被狂热的审判者处以火刑，然而对这些女性的指控往往不是事实。

实际上，席卷欧洲和北美的女巫审判是文艺复兴和启蒙运动的产物，在这两次运动中，人们逐渐摆脱了中世纪迷信的枷锁，通过严谨的科学论证之后确信，在他们中间真的存在着女巫，并且下定决心肃清这些女巫。莎士比亚的戏剧作品和英王詹姆斯一世时期的戏剧作品对于魔法的刻画也有所不同。在莎士比亚的戏剧中，魔法是存在的，但只是一种空想，仅此而已。而进入英国伊丽莎白一世和詹姆斯一世时期，魔法就从一种空想变为了现实生活中的灾难。在中世纪，遇到魔法犹如进入仙境，而在莎士比亚和马洛的剧作中，魔法则意味着隔壁出现了巫师。

一个让女人摆脱丈夫的魔法：在身上涂满蜂蜜，赤身裸体在谷堆中来回滚动，然后用粘在身上的混合物烤制成蛋糕给丈夫吃。

从西罗马帝国覆灭到文艺复兴开始的漫长岁月里，巫术的概念被广泛熟知并获得了人们的认同，但是官方从未对此表态。相反在《罗马法》中，明确规定巫师要被处死，但仍然有一部分巫师混入了皇帝的私人随从中。诅咒符（用于诅咒他人以达到伤害的目的）在罗马时期很常见，是那个没有法庭和警察的年代里一种解决社会问题的方法。但是除了这种方法，是否还可以更进一步，选择与巫师达成协议将某人诅咒至死呢？《罗马法》对此作出了解释，这种行为将被处以火刑，以此作为惩罚。

相比之下，8世纪法兰克国王查理曼大帝颁布的法典中明确规定，如果指控者认定某人为女巫，并将此人处以火刑，那么这位指控者也该被判处谋杀罪。这样的一种转变符合天主教教义，因为天主教将巫术视为迷信。天主教思想家圣奥古斯丁以及制定于10世纪的《主教会规》（Canon Episcopi）都认为，女巫所拥有的魔力完全是虚幻的，坚持相信这些力量的存在被视为异端邪说。《主教会规》作为教会法的一部分，其中确实提到一些女性相信，到了晚上她们可以骑在野兽背上遨游天空，但是这些女性被认为是极度"愚蠢"的，因为这些事情听起来根本无法实现。根据会规的说法，是恶魔使用诡计让这些女性相信魔法的存在，而非她们自己认为自己拥有了魔力。

但是，普通的民间治疗方法和咒语很容易在那些充满着怀疑目光的猎巫者眼中成为魔法。比如，人们为了防止雷击会穿海豹皮制成的衣服，或者农民会让处女种新的橄榄树，据说这样可以结出丰硕果实，这些都是普通人的常规做法。在中世纪，对巫术的实践是一个令人担忧的问题，但由于操作巫术

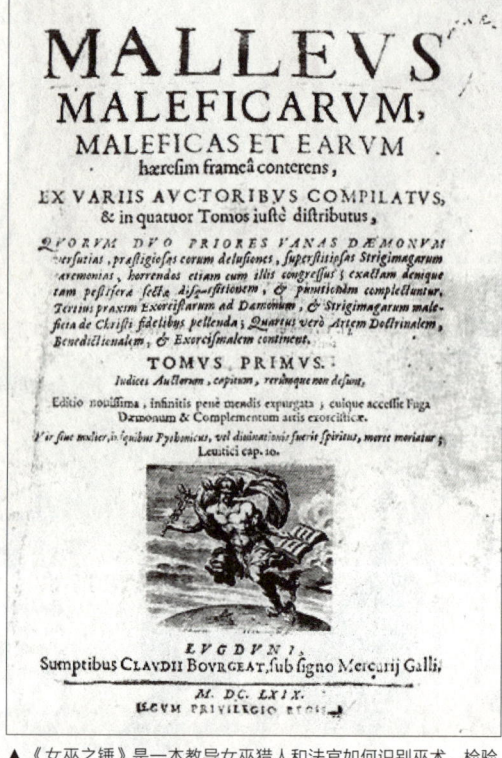

▲《女巫之锤》是一本教导女巫猎人和法官如何识别巫术、检验女巫与怎样对女巫施行酷刑的书

需要进行一段时间的学习，而在当时很少有女性可以阅读拉丁文，所以被指控者以男性为主。

通灵术是巫术的一种，主要负责招魂。在中世纪，人们普遍相信通灵，这与以色列先知撒母耳和女巫恩多之间的故事有关。

在《圣经·旧约·撒母耳记上》中记载了这样一件事：腓力士人集结军队要攻打以色列，当时以色列的先知撒母耳已死，葬于拉玛。以色列国王扫罗心急如焚，无人可以咨询。于是手下告诉他，有一个叫恩多的女巫，有和鬼魂交谈的能力。扫罗前往恩多的家，要求她把撒母耳的灵魂招来，恩多照做了，招来了撒母耳的灵魂。撒母耳责备扫罗违背天意，不肯把王位传给大卫，还几次三番想害死大卫，并预言扫罗在对腓力士人的战争中

> 一些学者称的确有一个由众多边缘女性组成的女巫团体，她们保留着一些古代信仰。

必将失败。其后之事果然如他所言。大部分招魂的方法和必要的流程都记录在了魔法书中,这些书有的用密码编写,有的用拉丁文编写。因此任何想成为通灵师的人不仅要识字,更要懂拉丁文。

据记载,14世纪上半叶,大部分被指控通灵的人为男性,因为那时女性的受教育程度普遍偏低。

然而,到了15、16世纪,这一现象发生了变化。造成这一巨大转变的原因很复杂,但是最主要的一个原因就是14世纪"黑死病"的暴发以及众多异端邪说的传播。根据中世纪人们的观点,引发灾难是因为有人违背了上帝律法,于是开始寻找替罪羊试图使灾难"合理化"。第一批受害者是欧洲的犹太人群体,而幸存者在狂热的氛围中几乎失去理智,人们心中的疑虑似乎被放得更大,更加容易影响彼此,怀疑的范围也更广了。于是我们可以看到早期对巫术力量嗤之以鼻的基督教开始转变态度,逐渐接受了巫术的存在。女巫们参加夜半集会,与魔鬼勾结犯下各种罪行,这些也被当作真实发生的事情了。

女巫可以与恶魔达成契约,危害社会,那么文盲也有可能掌握先前通灵师所拥有的巫术。因此,即使是一个大字不识并且不懂得如何念咒语的农村妇女,一旦她与恶魔勾结,她将得到所欠

> 通常,对操纵巫术的指控来自周围邻居的证词,所以村子的紧张关系会造成村民的恐慌。

▼ 莎士比亚悲剧《麦克白》第一幕中出现了3个女巫,她们的形象展示了女巫早期的发展和演变

▲ 雅克·德·莫莱为圣殿骑士团最后一任大团长,1307 年法王腓力四世在法国逮捕雅克·德·莫莱及众多其他圣殿骑士团成员,雅克·德·莫莱在狱中遭受酷刑后接受审讯

从圣殿骑士到阶下囚

在欧洲历史中,将巫术和异教混为一谈的关键事件之一,就是基督和所罗门圣殿的贫苦骑士团,即圣殿骑士团的瓦解。

当时统治法国的腓力四世,正陷于财政极其困难的窘境之中。他觊觎骑士团的财产,暗中与受他保护的教皇克莱门特五世合谋,指控圣殿骑士团为异端,于 1307 年 10 月 13 日发出了逮捕法国境内全体圣殿骑士的密令。追捕密令以一句口头禅"上帝不高兴了,王国中有异教徒了"开头。

结果,骑士团的成员不堪酷刑折磨,承认自己为异教,亵渎神灵并且操纵巫术。虽然腓力四世对骑士团的控告没有任何证据,但是却可以编出各种借口来给法官施压。最终,包括团长雅克·德·莫莱在内的大批圣殿骑士在侦讯过程中被折磨致死,骑士团的组织也随之瓦解。此后,欧洲人将巫术和异教很自然地联系在了一起,这也揭示了在女巫审判中,真正审判案件的机关是世俗统治机构而非教会组织。

▲ 诅咒符。上面写道:"我诅咒玛丽亚思维和记忆混乱,器官搅在一起,失去表达内心想法的能力。"(翻译自大英博物馆)

缺的一切知识。神学家试图探究这些想法会带来什么样的灾难性后果。"女巫帮"是一个有组织并且充满神秘色彩的异教团体，她们与社会对立，反对单独行动。更为糟糕的是，这个团体的人混在其他宗教教徒中，无法轻易辨别出来，这也直接导致了女巫审判数量的急速增加。

1420年之前，整个欧洲发生了不足100起女巫案件。但在接下来的10年中，受到指控的女巫的数量激增，有近200人被处死。以前，巫术仅仅是魔鬼耍花招制造的假象罢了，但现在成为了女巫与撒旦密谋的行为，巫术甚至成为对社会威胁最大的异端邪说。将巫术、魔鬼与异教联系在一起满足了欧洲社会精英内心的欲望与邪念。

然而，印刷机的发明改变了这一切，使得这一现象不再仅存于欧洲的神职人员和社会精英之间。我们已经习惯性地认为印刷机是人类历史上最有用的发明之一，但是有一段时间，印刷机曾一度成为制造恐慌的帮凶。因为印刷机可以大量印制宣传女巫与恶魔勾结的书籍和小册子，并分散到整个欧洲。

1472年，海利奇·克拉马出版了《女巫之锤》。这本书有大量关于恶魔与女巫勾结的描述，也预示着席卷整个欧洲的女巫审判即将到来。克拉马认为女性精神脆弱，有向"恶"的倾向，他还拿夏娃偷吃禁果来举例说明女性更容易受到恶魔的影响。再加上很多木版画中女巫和丑老太婆骑着扫帚的造型，以及女巫和巫术逐渐被普及，女巫形象在莎士比亚的戏剧《麦克白》和马洛的《浮士德博士的悲剧》（Dr Faustus）中达到了一定的艺术高度，这一系列的事情也形成了早期人们对于女巫的印象。

实现女巫审判最关键的一个因素是让受教育阶层对巫术深信不疑。文艺复兴时期的所有人，包括人文主义者都相信巫术的存在。因为他们重新探索了古代知识，其中最有价值的发现之一就是古埃及的炼金术，以及毕达哥拉斯学派和卡巴拉主义者的猜想。此外，人文主义者马尔西里奥·费奇诺和伊拉斯谟都认为巫术是一种高级魔法，一旦他们承认巫术存在，那么黑魔法的存在也就合理化了。

那时，受过教育的社会精英都在忙于探索数字命理学和占星术。所以也就不难想象，会有一些类似但邪恶的团体凑在一起，组成"女巫帮"，试图毁灭整个世界。这一时期的种种变化都导致了大规模迫害女巫的到来。

> 更为糟糕的是，这个团体的人混迹在其他宗教教徒中，无法轻易辨别出来。

▲ 瓦勒度派是欧洲13世纪的一支异教教派，他们的教义成为了巫术信仰的核心

贡希尔：传奇的北欧国王之母

贡希尔的传奇故事与巫术、权力和阴谋联系在一起，她的存在标志着事实与假象的界限变得模糊。

海盗女王贡希尔恶名远扬，这位人们口中的"女王、女巫、一代人的母亲"曾统治过3个国家。人们对于她的了解大部分是从一些零碎的故事或者从她仇人的口中得到的。许多人认为贡希尔是一个虚构出来的人物，融合了不同的人物性格，被一些作家写入了政治题材小说。

虽然贡希尔的出身很神秘，但是可以肯定的是，她是10世纪挪威国王血斧埃里克的妻子，一位性格刚烈的王后。关于两者结合的说法，流传版本众多，其中一个版本称是丹麦老国王高姆安排女儿贡希尔与埃里克见面的，以此加强挪威与丹麦的联系。但是在冰岛人的传说中，贡希尔其实是挪威北部哈格罗岛一位名叫厄祖尔·托蒂的人的女儿。在这个版本中，埃里克收到父亲金发王哈拉尔送的5艘军舰，开启了一段漫长的旅程，终点是挪威最北端的芬马克郡，埃里克就是在那里遇到了贡希尔。

故事中，船上的游客们在一间小木屋里

发现了一个美丽动人的女人，她是被两个芬兰男巫关在这个小房子里的。这个女人就是贡希尔，她还告诉游客这两个人是芬马克郡最聪明的男巫，他们教她如何操纵巫术，并且都想娶她做老婆。贡希尔称没有人可以从他们的眼皮下逃走，因为他们能像狗一样追踪到你的藏身之处，一旦他们发怒，地球就会上下翻转，一切生物都将摔死在地上。贡希尔恳求这些游客先躲起来，等两个男巫回来后，伺机而动，因为在此之前所有进入这间木屋的人都被杀了。两个男巫回到木屋后，贡希尔向他们发誓没有人来过屋子。但是那天晚上，两个男巫都无法入睡，看着对方，心生忌妒。于是，贡希尔将两个人唤到床边，待他们睡熟后，连忙将两个人捆绑起来，并用袋子套住头。躲藏起来的游客们听到她的信号后立马赶到，杀死了这两个男巫。次日贡希尔便登上了埃里克的船，和埃里克一起乘船前往哈格罗岛，请求父亲答应他们的婚事，两人顺利订婚后一路向南继续航行。

作为当代读者，我们也许会对贡希尔被人囚禁的遭遇表示同情，但是当这些故事作为历史被记录下来时，人们对此的态度截然不同。这个故事只会让读者更加相信贡希尔是女巫，是杀人犯，绝非国王的好妻子。我们可以看到人们心中种下了怀疑的种子，并将国王埃里克的暴政和所有的流血事件都归咎于贡希尔。可以说，贡希尔的名声与她在故事中被刻画的形象有着必然的联系。其中最早的版本可以追溯到12世纪，在《埃吉尔传奇》（*Egil's Saga*）一书中，贡希尔被刻画成主人公英雄埃吉尔·斯卡德拉格里姆松的宿敌。

贡希尔与埃吉尔这对仇人出现在传说中由来已久，常常在死亡和背叛事件上斗智。他们的故事开始于一场为守护神举办的宴会。宴会上，埃吉尔辱骂了作为宴请方的贡希尔和埃里克，说他们准备的酒水压根儿不能解渴，埃吉尔的行为对热情好客的主办方来说，无疑是极大的侮辱与不敬。贡希尔想用毒药害死埃吉尔，却不料被埃吉尔察觉并事先在酒杯中撒入了占卜石，滴入血液，对他们施了咒语，随后埃吉尔杀死侍卫，逃跑了。在这两个人多次斗智中，埃吉尔总能想方设法逃避贡希尔的报复，这让贡希尔更加火冒三丈。

故事讲到一半，贡希尔已经从阴险狡诈、容易失控变成了无情冷漠并对政府有威胁的一个人。金发王哈拉尔年过八十时把王位传给了埃里克，将所有的土地都交付埃里克独自管理，并立贡希尔之子哈拉尔二世为下一任王位继承人。埃里克的兄弟们听后勃然大怒，家族世仇一下爆发，造成多起流血事件，在这一过程中埃里克杀死了自己的4个兄弟。许多贵族把这些事件归咎于贡希尔，指责是她对于权力无休止的索取才导致了这些悲剧。贡希尔雇用女巫研制毒药并在宴会上杀害了绰号黑脸的哈尔夫丹，这件事引起很多人的抱怨与不满，民众重新选择西格罗特成为新的国王。埃里克和贡希尔失去了更多的控制权，必须采取行动来扭转这一局势。在金发王哈拉尔去世后，为了巩固统治，埃里克集结军队与兄弟开战，在藤斯贝格战役中取得大胜，残

▲ 在维京女巫的墓地中发现的胸针盒，可追溯到公元980年

▲ 幻想出的老年贡希尔画像

▲ 挪威国王哈康一世在斯图尔大败丹麦入侵者，但是自己肩部被箭刺穿，不幸去世

萨迦中的权力与爱

爱之深,恨之切,贡希尔爱上一个人,却最后给他下了毒咒

贡希尔一直将自己的女性魅力作为武器。在埃里克死后,贡希尔爱上了一个年轻人,并将恋情公之于众。这位来自冰岛的年轻人名叫赫鲁特,为了找到抢夺他遗产的一个叫索提的年轻人,他乘船出发,途中抵达了贡希尔所在的海岛。在这里,贡希尔对赫鲁特一见钟情,给予这个年轻人需要的一切帮助,让他渡过难关,还建议他和朋友厄祖尔与她一起度过冬天。赫鲁特接受了女王贡希尔提供的帮助,但他没有想到的是,他的人生轨迹也在此刻发生了变化。

在萨迦①中,女性一般羞于表达爱意,但是贡希尔却打破了这一传统,她开始在公众场合与赫鲁特亲吻、拥抱。甚至整整两周,他们形影不离,吃住在一起。虽然贡希尔不介意将自己的恋爱公之于众,但是却威胁门卫要对他俩的事只字不提,否则就杀死他们。令她同时代的人最无法接受的事情是他俩巨大的年龄差距,论年龄,贡希尔甚至可以做赫鲁特的母亲,但是这并没有影响两个人的关系。赫鲁特乘着贡希尔送给他的大划艇前往丹麦,寻找夺走他遗产的索提。当赫鲁特回来后,贡希尔发现他变得沉默寡言,于是质问他是不是外出期间喜欢上了别人,赫鲁特否认了贡希尔所有的猜忌,但要求离开这里回到冰岛。在他离开时,贡希尔送给他一个手镯,并亲手为他戴上,嘴里默默念着临别赠言——毒咒。她诅咒赫鲁特在冰岛结婚后,一辈子无法幸福。

回到冰岛后,赫鲁特娶了尤恩,但没过多久便离婚了。贡希尔的咒语应验了,解了她心头之恨。

---

① 北欧的传说,主要包括家族传说和英雄传说。

忍杀害了自己的兄弟奥拉夫和西格罗特。就在埃里克还沉浸在胜利的喜悦中时,悲剧接二连三地发生了。男巫埃吉尔在突袭中杀害了贡希尔的儿子罗涅瓦尔德,并且为了再次打击埃里克和贡希尔,他给这两个人下了毒咒。

首先,男巫埃吉尔站在岬角的最高处,俯瞰着脚下汹涌的大海。接着,他手持一根淡褐色的木棒,将占卜石捣碎撒在骨头上,这种方法只用于最危急的时刻。他将木棒固定在地上,在木棒顶端绑上一个被割下来的马头,并且让马头对着海浪。这时,只见他快速转动马头,将头停在贡希尔和埃里克所在的方位,对着天空大声喊出了咒语,这样大地守护神将把这两个人赶出挪威,算作对贡希尔的严惩。传说诅咒应验了,为埃里克和贡希尔带去了一些劫难,最终导致了埃里克的死亡。

金发王哈拉尔去世一年后,人称"好人"的儿子哈康得知埃里克在挪威施行暴政,于是从英格兰出发准备前去挑战埃里克。两国之间隔着大片海域,海面波涛汹涌,航行十分危险。挪威收到了哈康王遇难的消息,但是贡希尔并不相信,坚决地告诉埃里克,哈康还活着。人们对贡希尔产生了怀疑,指控其操纵巫术,因为不通过巫术是不可能得知哈康王是否还活着的。正如贡希尔所言,哈康王确实还活着,因为他出发不久就原路返回了。但是,挪威国内的贵族越来越支持哈康成为新的国王,埃里克和贡希尔也完全失去了民心,一家人被迫逃亡到奥克尼群岛,埃里克在岛上重新受到拥护,继续称王。

对于埃里克和贡希尔接下来的记载变得模糊了。有种说法是两个人接受了英格兰国王埃塞尔斯坦提供的职位,去管理诺森布里亚地区。但是这似乎不太可能,因为埃塞尔斯坦是哈康王的养父,并且支持哈康回到挪威夺回王位。另一种说

▲ 贡希尔的哥哥"蓝牙"哈拉尔德于10世纪在丹麦建造了耶灵石,为了纪念父亲高姆老国王和母亲翠拉,整个王国转而皈依基督教

法是约克大主教伍尔夫斯坦向两人发出了邀请,还有种说法是两个人刚刚抵达英格兰,埃里克就不幸去世,留下贡希尔一人继续生活。根据冰岛传说,两个人沿着东北部海域航行,一路上多次遭遇艰难险阻,并于952年创立约克王国,一家人受洗成为基督教教徒。

贡希尔并没有因为众多变故而减少对男巫埃吉尔的仇恨,相反更加怒火中烧。于是她开始学习念咒语,想有朝一日报一箭之仇。一年后,埃吉尔前往英格兰看望国王埃塞尔斯坦。贡希尔终于逮到机会,给埃吉尔下了咒,让他遭遇海难,风暴将其带到了贡希尔所在的诺森布里亚地区。埃吉尔见状,心想自己也没法逃走,于是恳求与埃里克和贡希尔和解。但是,贡希尔难熄心中怒火,埃里克也下令次日处死埃吉尔。出乎意料的是,埃吉尔并没有坐以待毙,而是在上刑场的前一晚创作了一首歌颂埃里克的诗,希望可以得到谅解,保住一条命,而他奇迹般地做到了。

贡希尔和埃里克一直在诺森布里亚住到了954年,随后他们的统治受到了英格兰政治动荡

的影响,不得已再次选择离开,不幸的是,埃里克在斯坦莫尔战役中被杀,约克王国也随之灭亡。

贡希尔得知埃里克被害的消息后,她的生活也改变了,面对她的是全体英格兰人民的指责,骂她吹枕边风,导致了埃里克在位时的暴政。贡希尔和手下在逃亡到奥克尼群岛前,带走了一切可以利用的财物,包括船只。奥尼克第七代维京伯爵托尔芬·豪萨克鲁伊斐欢迎了他们的到来,贡希尔和儿子还在岛上掌权了一段时间,但随后他们从丹麦国王"蓝牙"哈拉尔德处得到消息,称托尔芬伯爵对哈康国王很不满,决定将贡希尔一群人送回挪威。为了避免冲突,贡希尔将女儿朗西尔德嫁给了伯爵,与奥克尼结成同盟,同时她还寻求"蓝牙"哈拉尔德的庇护,并从哈拉尔德那里得到了一些土地。

贡希尔在丹麦待了很长时间,她的儿子们也尝试从哈康手中夺回父亲的领地。埃吉尔曾经下的咒语似乎慢慢失去了效力,在961年的菲恰尔一战中,贡希尔带领军队大败哈康。据说哈康身负重伤,肩膀被弓箭刺穿。这时,又有人议论

芬兰人的魔法
贡希尔习得的北欧魔法

贡希尔曾经向芬兰的男巫学习过魔法。那时，挪威的作家没有分清楚芬兰人和萨米人的区别，但是都将这两类人视作北欧野蛮凶残、会施展魔法的居民。在各种萨迦中，我们都可以看到对于这两类人的固有偏见。虽然他们的领土曾被视作圣地，但是随着基督教的流行，这些国家成为了罪恶的代名词。我们只能认为这些传说都是流言蜚语，充满着后殖民者的偏见。北欧成为了一片不洁之地，英雄们要不断挑战自己，而哈罗格兰德等地则成了传说中大魔头的出生地，当然也包括贡希尔。对于当时生活在北欧的人来说，每个人都有自己的特征。关于贡希尔的北欧家族原籍猜测以及她是否习得了芬兰魔法都成为了一个谜，而这也为后来她的暴政埋下了伏笔。芬兰魔法一直是当代文学创作中经常出现的主题，下面是一些芬兰巫师用到的魔法。

侦察兵

在《奥拉夫传说》（Saga Of king）中，"蓝牙"哈拉尔德命令一名男巫充当侦察兵。这名男巫变身为一头鲸鱼，发现王国被龙、鹰、牛和巨人四个神灵守护着。

领航员

丹麦历史学家萨克索将芬兰人描述为一个善于在被重积雪覆盖的山峰间穿梭的民族，他们将石头和雪变为了高耸的山脉、湍急的河流，以此来保护家园，防止别人入侵。

变形人

男巫可以变成任意动物的形状，在《哈弗丹传说》（Halfdanar Sago Eysteinssonar）中，一个男巫变成海象，杀死了15个人。

探索者

在《瓦特纳德拉传说》（Vatnsdaela Saga）中有一篇关于13世纪冰岛的文章。女巫告诉名叫英格蒙德尔的小男孩，他将来有一天会去冰岛旅行，并会找到丢失的护身符。英格蒙德尔准备验证她的这番话，于是拜访了三位来自北欧的人。小男孩对这三个人说如果可以代替他去冰岛，找到护身符，并告诉他所见所闻，他就会送给他们一罐黄油。女巫吩咐小男孩将这三个人关在仓库中，不能暴露姓名。三天后，这三个人给小男孩讲述了如何在三个峡湾交汇处找到了护身符，但是每次试图抓护身符时，护身符就会飞到空中，没法拿到。这是一个经典的芬兰巫术，巫师可以让被操纵者在意识里找寻答案。

▲ 图为贡希尔与埃里克乘坐的维京长船

是贡希尔施展黑魔法才赢得了此次战役。贡希尔的儿子灰袍者哈拉尔取得了政权，而她也在国家政府中拥有了更多的话语权。也就在此时，贡希尔"国王之母"的名号传开了。

灰袍者哈拉尔二世即位后十分暴虐，曾引起人民的反抗。在971年，贡希尔的哥哥"蓝牙"哈拉尔德与贡希尔反目成仇，默许哈康王杀了哈拉尔二世。这时的贡希尔年迈体弱，不得已再次逃往奥克尼群岛，投奔女儿。

无奈命运不公，造化弄人，贡希尔作为一名妻子和母亲，竟活得比丈夫和儿子都长。但是更让人生气的是，贡希尔的哥哥"蓝牙"哈拉尔德下令，将贡希尔扔入沼泽，活活淹死。就这样，贡希尔死在了自己的亲人手中。

▲ 欧洲各地可见的维京硬币上印有各个时期国王的姓名

英格兰女巫，
纳瓦拉女王琼

翻开纳瓦拉女王珍妮一世的历史，我们可以发现对于她的控告并非完全真实。

如果你不知道琼女王，这完全不怪你，因为她不如亨利八世的众多妻子和他的女儿们有名气，尽管她因操纵巫术和密谋毒害继子亨利五世受到指控。那么，为什么琼会成为唯一一位因操纵巫术而入狱的英格兰女巫呢？

琼出生于1368年，是被称为"恶棍查理"的纳瓦拉国王查理二世的女儿。据纳瓦拉的圣塔克拉拉修道院记载，琼小时候每天都会去修道院捐一元钱。除此之外，很少有资料记录琼的童年往事。出生在王宫的公主往往会被当作与其他王国联姻的政治棋子，琼也不例外，12岁时便被安排与卡斯提尔的王位继承人胡安订婚。但是这场联姻计划落空了，琼18岁时嫁给了布列塔尼公爵约翰四世，得到了很多彩礼。琼嫁给约翰后，生活十分幸福。他们生了8个孩子，其中7个长大成人。

> 琼和哥哥被当作人质扣在巴黎，以此来规范父亲"恶棍"查理二世的行为。

19世纪,艾格尼丝·斯特里克兰的著名传记《英格兰皇后生活》(*Lives of the Queens of England*)中纳瓦拉女王琼的画像

对于约翰四世来说，琼早已为王室添子，而其他两位妻子也相继产子，这让他松了口气。琼在 10 年的时间里不断怀孕，这也阻止了她在王室的政治决策中发挥很大作用，但是这一切随着约翰四世的去世发生了变化。1399 年，约翰四世去世，琼成为王国的摄政王，替年仅 10 岁的儿子约翰五世打理政事。在她的有效治理下，解决了约翰四世统治期间遗留的内部矛盾和纠纷。

紧接着，琼的一个决定让她的人生发生了转变。在丈夫去世 3 年后，琼开始秘密筹备与英格兰国王亨利四世的婚礼。早在约翰去世之前，琼和亨利就见过面了，那时亨利还未即位。两个人之前的见面让彼此对对方有了好感，也让两个人产生了结婚的想法。果不其然，他们的婚姻让大部分人感到惊讶，人们不理解国王亨利的做法，因为当时琼嫁给亨利的时候，一没有钱，二没有政治影响力。

> 主教特许亨利四世与第四顺序血亲结婚。

相比亨利，琼在这段新的婚姻中收获很多。她的彩礼是当时所有英国女王中最多的。此外，琼还把一大家族人迁到了英格兰，这些人被安排到政府部门工作，但经常与议会发生摩擦，最终被全部撤职。成为女王后，琼的威望与日俱增，比当伯爵夫人时强了百倍。她也没有为亨利家族添子的压力，因为亨利已经有 4 个儿子了。琼把自己的两个女儿带到了英格兰，并把摄政王的位置传给了叔叔勃艮第伯爵。在当时人们的眼中，这位新女王的确是一个魅力十足、平易近人的女性，与新家庭保持着良好的关系。

1413 年，亨利四世去世，琼决定继续留在英格兰。她依然可以获得大量补偿，但是议会已经多次拖欠这笔费用。此外，琼一如既往地追求精致生活，穿名贵服饰、戴珠宝首饰、吃山珍海味、品陈年佳酿，尽情享受生活。她与新国王亨利五世一直保持着较好的关系。1415 年，著名的"阿金库尔战役"打响，亨利五世取得大胜，但是琼的儿子却身负重伤，女婿战死疆场，即使这样，琼也没有任何抱怨，继续照常生活。

但接下来的巨变让人始料未及。1419 年，琼的告解神父约翰·伦道夫和其他两个家族成员指控女王琼操纵黑巫术，并用毒药密谋杀害了亨利四世。于是，琼以叛国罪被捕，上缴全部财产，判处 3 年有期徒刑。在此期间，她多次更换

▲ 琼与亨利四世的雕像——琼在世时创作，也是现在仅存的唯一雕像

监狱，先被软禁在佩西文城堡，后来又被监禁在利兹城堡。而神父伦道夫也被指控引诱女王琼施展巫术，被监禁在伦敦塔，后与囚犯在狱中打架，死于1429年。

在某些情况下，仅凭几句谣言就足以让被指控者失去一切，终日生活在恐惧当中。那么，让我们看看女王琼的"下场"，虽然她也被指控，但在软禁期间没遭到一丝折磨。她并没有像大家想象中那样受到很多排挤，相反，有很多贵族来看望她，其中包括亨利·蒲福、温彻斯特大主教和卡莫伊斯勋爵。甚至她的继子和亨利五世的哥哥——格洛斯特公爵汉弗莱都抽空来看望她。据书中记载，在监禁期间，琼依然过着相当奢靡的生活，只是相比之前有所克制。她身边依旧围着大量用人，她还会支付马场的维护费，这也从侧面说明她是被允许骑马的。以上种种现象表明，女王琼面临的绝非是软禁，而更像是国王对她的一个小惩罚，限制了她的部分人身自由罢了。那么，

> 1399年—1403年，琼成为布列塔尼的摄政王，替年仅10岁的儿子约翰五世打理政事。

▲ 国王亨利五世是琼的继子，他将被判操纵巫术和叛国罪的继母琼监禁了3年之久

女王琼到底有没有被判操纵巫术罪呢？

如果拿女王琼与格洛斯特公爵汉弗莱的夫人相比，就可以发现对于琼的指控十分荒谬。格洛斯特公爵夫人塔莉诺·科巴姆被指控对国王亨利

六世使用巫术和招魂术。塔莉诺接受审讯后，被判无期徒刑，在外界压力下不得不选择与丈夫离婚，并且还要当众自我惩罚。相反，琼压根没有受到这些惩罚，更别提真正意义上的审判了。现在提起巫术，大家会觉得荒唐可笑，但是在女王琼生活的那个时代，人们认为巫术是一种真实存在并且让人产生恐惧的事物。如果亨利觉得继母对他使用了巫术并伤害了他，那么他可以立即指控继母，让她受到惩罚。此外，除了神父伦道夫的证词外，没有其他证据可以合理解释对于琼的指控。很显然，所谓的"指控"完全就是一场闹剧。

我们不禁要问，如果没有直接证据可以表明琼操纵了巫术，那么为什么她会受到毫无根据的指控呢？虽然亨利五世在阿金库尔战役中获得大胜，但也消耗了大量钱财。这时他急需从各方筹钱，而继母琼刚好有父亲死后留给她的土地与大量钱财，于是亨利打起了琼的主意。在受到指控后，琼的所有财产被没收，直接上缴国库。亨利利用这个不违法且天衣无缝的方法夺走了琼的全部家当，而琼对此无能为力，也没有抗议，或许她知道亨利这么做的用意。而且，亨利一定不会让她接受审讯，获得清白，因为一旦这样，所有

虽然她也被指控，但在软禁期间没遭到一丝折磨。

▲ 琼和儿子亚瑟站在第一任丈夫布列塔尼公爵——约翰四世的棺材旁

▲ 琼的第二任丈夫亨利四世

决定性时刻：
1399年11月1日，约翰四世去世

琼的第一任丈夫约翰去世后，将领地摄政王的位置留给了她。有趣的是，约翰在他的遗嘱中写道，琼的一生都将得到婚姻补偿。然而，就像拿回英格兰国王亨利四世给她的财产一样，琼得到这些补偿的过程却很坎坷，特别是在她搬到英格兰后。

决定性时刻：
1403年2月7日，王室婚礼

在得到可以与第四顺序血亲结婚的主教特许后，琼与亨利四世在温彻斯特大教堂举行了婚礼。婚礼3周后，琼正式登基为英格兰女王。就像琼的第一段婚姻一样，她与亨利四世的生活看起来很幸福。

的财物将物归原主，计划也就落空了。

这种情况也不是个例，指控某人使用巫术在那个时期经常发生。公开谴责女性为巫师已经成为一些政客经常使用的无耻手段，这样他们可以毫不费力地让女性身败名裂，夺走她们的财产。幸运的是，亨利五世临死前对琼感到深深的愧疚，于是下令放了琼，并宣布归还一切财产。说起来容易，做起来难，琼花费了大量时间才要回本属于她的财产，因为一些领土在她监禁期间已经转让给了其他人。但是回想琼的遭遇，她既没有受到严刑逼供，也没被安上任何罪名，所以这些波折也就不值得一提了。

▼ 琼看起来与王室成员维系着良好的关系，但是许多英格兰民众却对此表示怀疑

女王琼的声誉
同时代的人究竟怎么看待这位英格兰女王？

当代历史学家都认为安在女王琼头上的叛国罪和操纵巫术罪只是子虚乌有，纯粹是亨利五世为了掠夺琼的财产而编的谎言。但这并不意味着与琼同时代的人都认为她是无辜的，实际上，有很多人谴责她使用了巫术和通灵术。

值得注意的是，虽然琼讨人喜欢，但也有人认为对于她的指控完全成立。琼作为一个外国人嫁入英格兰王室，没有钱，也没有影响力，所以英格兰人民对她产生了怀疑，也不看好她和亨利五世的婚姻。当然，纵观历史长河，我们可以发现很多嫁入他国王室的人都会遭受他国国民的质疑。并且，琼的血统让这一问题变得更加复杂。琼的父亲"恶棍"查理二世在统治时期也被指控为男巫，所以也就很容易理解为什么琼会被指控为女巫，因为"有其父必有其女"。

说到这里，我们可以发现，与安茹的玛格丽特王后和伊丽莎白·伍德维尔王后一样，琼同样因为被指控为女巫致使声誉受损，但是，她对学术研究却做出了极大贡献，也因此在一定程度上恢复了自己的声誉。

▲ 如今的兰利庄园只剩下考古遗迹

决定性时刻：
1431年，陷入火海

在继孙国王亨利六世统治时期，琼担任兰开斯特的高级官员，但离王位越来越远了。她总是提防着别人，怕被利用，于是告老还乡，回到了兰利庄园。不幸的是，由于疏忽，庄园被大火烧毁，这也使琼陷入后半生的低谷。

圣殿骑士团的背叛

在 7 年的时间里，圣殿骑士团的成员几乎全部被逮捕，惨遭杀害。这是对他们否定耶稣基督，践踏十字架的惩罚吗？还是说他们是历史长河中的受害者？

圣殿骑士团最后一任大团长雅克·德·莫莱内心平静。经历 7 年之久的审讯、折磨与逼供后，他早已麻木，变得从容淡定。德·莫莱被关押在巴黎塞纳河上一个犹太人居住的小岛上，他面容憔悴，满脸胡茬，但脸上看不出丝毫的胆怯。围观的人凑热闹，想一睹火刑，火葬台也早已搭建完毕。德·莫莱骨瘦如柴，没有精神，他被剥去衣服，绑在火刑架上，不久，他将葬身火海。临死之前，沉默许久的德·莫莱终于说话了。他要求面朝巴黎圣母院，解开手上锁链，在祈祷中死去。他的要求都被准许了。当火葬台燃起火焰时，只见他低着头，默默祷告。火势很猛，当他快要被大火吞噬时，他大声喊出了一段话，压过了毕剥作响的火焰声。

"上帝知道谁有错，谁有罪，不幸将降临到那些错判我们罪行的人头上；上帝会替我们报仇。对，你们没有听错，所有陷害我们的人都将遭遇苦难。"这时火势更加猛了，他也开始了咆哮，"教

关键人物
摧毁骑士团和誓死保护骑士团的人物

雅克·德·莫莱（1243年—1314年3月18日）
圣殿骑士团第二十三任，也是最后一任大团长。关于他早年生活的记载较少，但是他成为了最有名气的一位骑士团成员。他试图改革骑士团，但是没有实现这一愿望。

法兰西国王腓力四世（1268年—1314年11月29日）
腓力四世人称"铁国王"，在他治理下，法兰西从一个封建国家变成了中央集权国家。他崇尚君权至上，决心要让自己的亲戚在全世界称王。此外，他解散了圣殿骑士团，驱赶犹太人离开法兰西。

教皇克雷芒五世（1264年—1314年）
原名雷蒙德·贝特朗·德·戈特，1305年6月5日当选教皇。他对腓力四世毕恭毕敬，人们称他为"傀儡教皇"，虽然有人认为他并非情愿这样服从腓力四世。不管怎样，他因为解散圣殿骑士团而被人熟知。

纪尧姆·德·诺加莱（1260年—1313年）
法兰西国王腓力四世的枢密大臣。纪尧姆在腓力四世和教皇卜尼法斯八世的纠纷中发挥了很大作用；很显然，他说服腓力四世绑架教皇。他同样在解散圣殿骑士团过程中发挥了重要作用，让成员们做伪证。

杰弗里·德·查尼（？—1314年）
圣殿骑士团的诺曼底支部负责人。查尼年轻时加入骑士团，然后一路跟着德·莫莱发展。他和其他骑士团成员一样被捕了，受到酷刑，被迫承认罪行，之后收回供述。查尼是陪着大团长德·莫莱接受审判的骑士团三个领袖之一，他否认了所有指控，为全体骑士团成员辩护。

皇克雷芒、国王腓力，你们两个听好了，不出一年，你们将会在上帝面前为自己可耻的行为受罚。"说完这番话，他闭嘴了，大火瞬间将他吞噬。

德·莫莱的诅咒应验了，教皇克雷芒和国王腓力四世在一年内相继去世。教皇克雷芒常年患病，于1314年4月20日去世，而法国国王腓力四世是在外出打猎时出了事故，于同年11月29日死于枫丹白露，终年46岁。作为骑士团最后一任大团长，德·莫莱因为诅咒事件而为后人所唾弃。

雅克·德·莫莱的这段遗言流传很广，但很有可能不是出自他本人之口。因为圣殿骑士团的其他事迹也在神话传说中被篡改，时至今日，我们依然不知道德·莫莱究竟有没有在临死之前说出过这个诅咒。由于圣殿骑士团只存在了不到两百年，它的突然解散引发了人们的议论，一时间关于这个神秘组织的流言、传说和阴谋论四起，掩盖了圣殿骑士团真正的开端以及对欧洲14世纪的影响。

1099年，第一次十字军东征时，十字军攻占了圣地耶路撒冷，引发了西方基督教教徒到东方朝圣的狂潮。然而朝圣之路充满了艰险，经常有朝圣者遭到抢劫和杀害。这一情况唤起了骑士们的责任心，宗主教赋予他们"严防盗贼和攻击者，保证道路畅通，特别是朝圣者的安全"的职责。1119年圣诞节，骑士团成立，因为当时这些骑士驻扎在圣殿山上，于是他们有了"圣殿骑士"之名。

虽然圣殿骑士团成立之初缺乏资金，十分贫困，只能靠别人的捐赠来维持，但是很快他们就成为中世纪欧洲三大骑士团之一。1129年，圣殿骑士团得到罗马教廷的正式支持，拥有诸多特权，于是其规模、势力和财富迅速增长。圣殿骑士团团员身着绘有红色十字的白色长袍，他们是

圣殿骑士团职位等级

他们以骑士的身份为人熟知,每个人在团里扮演着不同的角色。

大团长
大团长是全团的灵魂人物,拥有至高权力,只对教皇负责。大团长任期为终身。大团长经常参战,往往会战死沙场,这也使得这个职位看起来充满危险。

司铎长
又被称为"大司令官",团里的二号人物,同时也是大团长的顾问。他有许多行政职责:和平时,管理骑士团土地;作战时,统筹安排人员和物资。

军团长
军团长负责战时与平时的所有军事决策,掌管团里的武器与战马。大团长在每次出兵之前都会和军团长商量作战策略。

陆上指挥官
陆上指挥官是耶路撒冷、安条克和的黎波里的首领。耶路撒冷的指挥官同时担任财政部长,其他两个地方的指挥官则根据自己的城市承担具体的地区责任,他们负责自己地区圣殿骑士的房屋、农场和城堡。

骑士、房屋和农场的指挥官
对陆上指挥官负责,这些圣殿骑士负责管理各个庄园,确保日常行动的顺利进行。这个职位由骑士或者士官担任。

骑士和士官
骑士和士官是圣殿骑士团的主体。骑士必须出身贵族,身着白色长袍。士官身穿黑色或棕色的长袍,因为不是出身贵族,级别较骑士低一些。

▲ 德·莫莱被迫写信给每一位骑士团成员，让他们承认被指控的罪行

十字军国家的一支常备军，有着很高的社会地位。

在蒙吉萨战役中，500位英勇的圣殿骑士团团员帮助鲍德温四世的军队以少胜多，战胜了萨拉丁的军队，因此获得了"上帝的勇士"的美称。除了是强悍的军事力量外，圣殿骑士团还拥有巨大的财富，开创了现代银行的经营模式。许多欧洲的贵族想加入圣战，于是他们将贵重财物存放到骑士团，由骑士团负责保管，这和现代银行业的存款业务十分相似。而贵族们可以拿到一种跟现代银行中的存款单很相似的票据，凭借这种票据就可以在各地的骑士团支部取出财物。到了13世纪，圣殿骑士团成为世界上最有势力、富可敌国的组织，但完全没有意识到即将到来的灭顶之灾。

1291年，阿卡城的陷落使十字军失去了耶路撒冷王国最后的堡垒，圣殿骑士团被赶出了圣地。1293年，雅克·德·莫莱开始担任圣殿骑士团

骑士团的秘密

圣杯

圣杯也许是最能和圣殿骑士团联系起来的物品。从德国诗人沃尔夫拉姆·冯·埃舍巴赫的中世纪文学作品《帕西法尔》到美国作家丹·布朗的《达·芬奇密码》，纵观历史，我们会发现圣殿骑士团一直与神秘的遗产有关。在小说中，圣殿骑士经常被刻画成耶稣在最后的晚餐中使用的杯子的守护者。有趣的是，特鲁瓦作为骑士团的诞生地，同样也是最早将圣杯写入文学作品的地方。严格意义上讲，圣殿骑士团与圣杯的联系是从12、13世纪圣杯故事逐渐流行起来时建立的，那时圣殿骑士团正处于权力顶峰。虽然骑士团是社会的一部分，但即使在他们的时代，他们也是充满神秘感的。

▲ 数百名骑士团成员在腓力四世的命令下被处以火刑

大团长一职,他发誓要将骑士团失去的土地夺回来。德·莫莱四处寻求帮助,得到了教皇卜尼法斯和英格兰国王爱德华一世的支持。但是这一时期的十字军已经大不如前,德·莫莱率领十字军试图拿下叙利亚,但惨遭失败,且失去了120名骑士。1306年,骑士团支持塞浦路斯政变,逼迫亨利二世退位。

骑士团的行为引起了各方关注,许多国家在位的君王看到自己国内有大批骑士团成员,十分担忧,他们害怕一旦这些骑士团成员协助某个贵

数据

20000
骑士团发展到顶峰的人数。

54
1310年,54名骑士团成员被处以火刑。

15
1310年5月12日前,15名证人给出指控圣殿骑士团的证词,该数字后来变成198。

597
1310年5月12日前,597名证人为圣殿骑士团辩护,该数字后来变成14。

最初有9名骑士保护朝圣者。

200000
医院骑士团支付20万里弗(古代法国货币单位)给法兰西国王腓力四世作为"赔偿"。

▲ 这幅画创作于骑士团大团长德·莫莱再次攻占耶路撒冷的谣言盛行的时候

族起义,他们该如何控制局面?而且这些骑士团成员也曾公开表示希望建立自己的国家,这与普鲁士的条顿骑士团和罗德岛天主教军事组织——医院骑士团诉求相同。

1305年,德·莫莱收到教皇克雷芒五世来信,信中表明了教皇对于圣殿骑士团与医院骑士团可能会合并的担忧。德·莫莱言辞激烈地否定了该想法。一年后,教皇克雷芒邀请两位骑士团大团长前往法兰西共同商议,并希望两人"按时前往,勿向外界透露"。1307年,德·莫莱到达法兰西,但是医院骑士团团长富尔克·德·维拉雷或许因

为察觉到了不对劲,或被其他事情耽搁,并未赴约。教皇与德·莫莱见面后,讨论起了一个完全不同的话题。

两年前,一个被撤职的骑士团成员指控圣殿骑士团触犯多项罪名。虽然这些指控都是编造的,但是法兰西腓力四世却在近日将被指控者带去审讯。德·莫莱被这些莫须有的指控折腾得身心俱疲,他要求教皇克雷芒查清真相,让他摆脱这一困境。8月24日,克雷芒给腓力四世写信,表明自己不相信这些指控,但是愿意开启一项名为"内心痛苦、焦虑和苦恼"的调查,建议腓力

▲ 1129年，教皇何诺二世在特鲁瓦市政委员会上确认了圣殿骑士团的地位

四世不要采取其他过激行动。但是腓力四世没有采纳这些建议。10月13日，在事前毫无任何征兆的情况下，全法国的圣殿骑士团成员几乎都被逮捕。

腓力四世的暴行并非一时冲动，他向来做事莽撞，不计后果。之前，他与教皇卜尼法斯八世产生争端，并采取了一系列行动对抗罗马教皇。卜尼法斯八世认为法国试图摆脱教皇控制，于是双方矛盾升级，腓力四世派出一队人马，于1303年在阿南尼将卜尼法斯八世拘捕，大加凌辱，准备带回法国审判。虽然教皇后来逃脱，但一个多月后便忧愤而死。而他的继任者教皇本笃十一世在位仅9个月就离世了。死后不久，腓力四世便支持波尔多大主教柏特隆为教皇，称克雷芒五世。腓力四世还逮捕了许多意大利富裕的银行家，抢走了他们的钱财。紧接着，他将目标转向了犹太人，先是向他们索取巨额捐税和借款，继而逮捕他们，以勒索赎金，最后没收他们的财产，并把他们驱逐出境。腓力四世的做法很容易解释，因为当他成为法兰西国王时，整个王国面临着严峻的经济危机，此外，他否定教权至上，认为他的权力应高于罗马教廷。圣殿骑士团与教廷有着密切联系，这使他们有机会建立自己的王国。然而，他们万万没有想到，在他们计划建立王国时，已经在慢慢走向灭亡。

法兰西国王腓力四世编织"异端、否定耶稣基督"等罪名将骑士团团员逮捕。为了指控他们为异端，腓力四世不惜将自己描述为与祖父路易九世一样的"基督士兵"。然而，他的做法违背了基督教的圣职，教皇克雷芒对此勃然大怒。腓力四世以为克雷芒手无缚鸡之力，不会成为威胁，但是克雷芒怒火中烧，给他写了一封信，指责他违反了《蔑视罗马教会行为守则》的每一项规定。

然而，教皇的指责并没有对骑士团起到任何作用。大约1.5万名团员被关押在法兰西的监狱，其中大部分人不是贵族和骑士，而是普通的农民和牧羊人。大团长德·莫莱也被捕了，他在国王妹妹的葬礼上做扶柩人，却不料和其他团员一起被腓力四世抓获。腓力四世掠夺了骑士团的大笔财富和土地，并试图找到足以消灭圣殿骑士团的证词。

获得这些证词有一个很简单的方式——酷刑，而腓力四世将这个方法发挥到了极致。他手下的审讯者用尽各种残忍的方法摧毁被审者的意志。骑士团团员被关押在漆黑寒冷的牢房里，那些死于酷刑的人就被秘密埋葬了。1308年，一位匿名作家曾在书中描写了狱中情形：在这些非人道的残暴行径面前，语言显得苍白无力。每个团员受尽折磨，痛不欲生，从他们被抓进牢房的第一天起，啜泣和叹息不绝于耳，贯穿了整个严刑拷打的过程……真理夺走了他们的性命，而谎言让他们从死亡中解放出来。

当骑士团团员被送去审判时，许多被迫承认罪行的团员就会极力反对。骑士团最初面临五项指控：否定耶稣基督，践踏十字架；亲吻新团员的肚脐、嘴唇和臀部；允许同性恋行为；穿着有敬奉神像图案的衣服；在弥撒中未参与圣祭。在审判中，对于骑士团团员们的指控变得越来越多，也越来越荒谬。虽然这些指控在现在看来很离谱，理由也十分牵强，但在腓力四世生活的时代，人们对恶魔充满了恐惧，所以这些看起来不可思议

整个欧洲的骑士团成员

教皇命令全欧洲的基督教君主对骑士团成员采取捕杀行动，但并不是所有的君主都愿意这样做。

不列颠群岛

爱德华二世起初对骑士团成员犯罪持怀疑态度，没有任何理由将他们视为威胁。他给教皇写信，为骑士团辩解，但最终还是要求逮捕境内的骑士团成员，并进行审讯。审讯刚开始，爱德华二世并没有施加酷刑，所有的成员都称自己是清白的，但是当教皇的审讯者接手后，很多人被迫认罪了。然而，这些骑士团成员并没有被处以火刑，只是在公开场合进行自我忏悔。那些拒绝认罪的成员被关押在监狱中，直至死去。

意大利

意大利各地对教宗的圣谕反应不同。教皇国不出所料，立即执行圣谕，但是在伦巴第，骑士团获得了人们的支持。一些团员承认了指控，但是其他团员一口认定他们在说谎。在佛罗伦萨，尽管对骑士团团员使用了酷刑，但是只有超过一半的团员招供。

▲ 在十字军东征的关键战役中，圣殿骑士团总是冲在最前线

塞浦路斯

国王阿马雷·德·卢西因为骑士团才得以登上王位，所以他不愿意逮捕这些成员是完全可以理解的。但是，在英勇抵抗后，主要的圣殿骑士最终被关进了监狱。在审判中，许多证人对他们大加赞扬，但是国王却被残忍谋害，骑士团的敌人亨利二世乘机夺回了王位。接着，酷刑开始了，许多坚称自己是无辜的团员被戕杀害。

葡萄牙

相比其他地方的骑士团成员，葡萄牙境内的成员日子好过多了。国王丹尼斯一世拒绝杀害这些成员，但是也不能公然违抗命令。在丹尼斯一世的保护下，骑士团成员重新将自己标榜为"基督的骑士团"。此外，丹尼斯一世还与教皇克雷芒五世的继任者协商，希望宽恕这些骑士团成员。

伊比利亚半岛

尽管有诸多疑问，阿拉贡詹姆斯二世在还未接到教皇圣谕的情况下已经将境内的大部分团员捉拿归案。但是，很多团员在城堡中建起防御工事，恳求外界救援，然而很不幸，他们没有获得帮助。所有的骑士团成员都声称自己是无辜的。由于禁止酷刑，审讯者未能获得证词，所以也就没有人因为被判为异端而死于狱中。

有罪还是无罪?
骑士团成员罪名是否成立?

支持	反对

在十字架上吐口水

支持：这项罪名被认为是腓力四世使用频次较多的罪名之一，并且的确可以找到证据。不仅一些骑士团成员认罪，而且秘密加入骑士团的间谍也供认不讳。最近，在梵蒂冈图书馆发现了"奇农羊皮纸文稿"，可以进一步证实这些罪名。1308年，大团长雅克·德·莫莱接受讯问后，承认了这一罪名。

反对：虽然德·莫莱承认自己向十字架上吐口水了，但仅仅因为这个理由就判定他为异教徒不免缺乏说服力。德·莫莱说他们这样做只是为了在遭受酷刑时可以表现得无动于衷，训练用意念否定自己的信仰，而并非从内心深处。腓力四世安插在骑士团的间谍亲眼目睹了这些活动，但是他们很有可能误解了这些活动的目的。

崇拜异教偶像巴风特

支持：对骑士团的指控为"他们用小绳子围住或触摸每一个神像的头部，之后将这些绳子系在自己身上"。与腓力四世其他的指控不同，这个指控很具体，很难让骑士团成员相信他没有获得任何内部消息。许多骑士承认自己崇拜神像，它通常以真人大小的头像的形式出现。我们知道，圣殿骑士拥有像卡尔西顿的圣尤菲米娅的头一样的头像。事实上，圣殿骑士团保留着这些头像，意味着他们肯定以某一种形式在祭拜它们。

反对：在巴黎审判中，只有9个骑士团成员承认崇拜"巴风特"，但是他们每个人对于这个偶像的描述却相差很远。有人说"'巴风特'身披兽皮，两个卡邦克鲁（传说中的生物）做他的眼睛"。也有人称"他由金子和银子制成，长着三四条腿"。但是在其他版本的描述中，"巴风特"的头上有角。由此可见，这些充满矛盾的证词是骑士团成员遭到酷刑后被迫说出的。不管怎样，如果骑士团崇拜这个偶像，那么神殿中却没有摆放关于这个人物的饰品，就十分奇怪了。

的指控都被认可了，甚至很多人觉得异教徒的做法已经渗透进了基督教。

审判是由负责监督酷刑的检察官主持的，138位团员中有134人认罪，承认一项到多项指控。德·莫莱在狱中因不堪酷刑而认罪，随后又被迫写信给每一位成员，让他们承认这些罪行。但是，教皇克雷芒五世对此表示不满，他坚决要求将审判权交付教会，但未得到腓力四世同意。

德·莫莱远离腓力四世的控制后，收回了供述，称当时受到酷刑，因无法忍受痛苦而供认。其他骑士团团员也纷纷效仿，收回供述。他们的做法激怒了腓力四世，他计划采取一个更加迅速和残忍的方法来摧毁骑士团。

为了说服教皇克雷芒五世，腓力四世亲自前往普瓦捷拜访教皇，并且带了72名骑士团团员，让他们在教皇面前认罪。他让手下分发了大量控

骑士团的秘密

都灵裹尸布

有传闻说，圣殿骑士团偷偷地将这块都灵裹尸布藏了起来，甚至供奉了起来，这个传闻比圣杯的传说有更多的事实基础，也更能让人信服一些。裹尸布上有一个看起来很像耶稣脸的肖像，最早是由骑士团成员杰弗里·德·查尼的家人展示给公众的，这也让人们将这块裹尸布与骑士团联系到了一起。据一位名叫阿诺·萨巴蒂的骑士团成员透露，他在加入骑士团的仪式上，曾看到过这块裹尸布，"这是一块亚麻布，长14英尺（约合4.26米），前后的印记表明曾用于包裹一名身材高大、长发蓄须的男子"。此外，加入骑士团的新成员都要亲吻裹尸布上男子形象的脚三次，以示尊敬。这也让很多人断定骑士团所供奉的这块裹尸布就是都灵裹尸布。利用碳的放射性同位素对这块布进行年代测定，发现这块布不是耶稣时代的织物，而是中世纪约1260年—1390年的产品，正与前文所述裹尸布的第一次现世的时间相吻合，这也让人们确信这块裹尸布上的人形不是耶稣而是骑士团大团长德·莫莱。

诉骑士团罪行的小册子，并且发表演讲，揭露骑士团团员骄奢淫逸的生活。腓力四世警告教皇克雷芒，如果不照他说的做，那么将以保护天主教教义为由罢免他的职位。面对腓力四世的恐吓、威胁，以及实质上的软禁，教皇克雷芒五世屈服了，下令对骑士团展开审查。德·莫莱和其他团员再一次被迫承认罪行，这也给了腓力四世可乘之机。

在正式审讯面前，骑士团团员力不从心，大团长德·莫莱想要为自己的团员辩护，但是无能为力。1310年，两名接受过法律培训的团员做了一次精彩的辩护，他们坚称骑士团团员清白无辜，并且遭到密谋陷害。局势开始朝有利于骑士团的方向发生了一些转变，见此情形，腓力四世做了一个残忍的决定。1310年5月12日，54名先前收回供述的骑士团团员再次以成为异教徒的罪名被处以火刑，而那两位进行辩护的团员却从监狱中消失了。

没有人进行辩护，骑士团的罪名成立了。在腓力四世的巨大压力下，教皇克雷芒五世宣布解散圣殿骑士团，骑士团被裁定为"可能悖德，未至异端"。令腓力四世恼火的是教皇的第二封诏书，根据教宗的命令，圣殿骑士团的财产归于医院骑士团，每个地区都可以接受圣殿骑士团成员。然而，骑士团的主干成员却落入了腓力四世之手。

德·莫莱和其他三位级别较高的成员在狱中

▲ 传说，雅克·德·莫莱因为被处以火刑，于是诅咒了国王腓力四世

▲ 骑士团被指控崇拜异端偶像巴风特

备受煎熬，等待着命运审判。这一天终于来了，1314年3月18日，4个人被带到巴黎圣母院前，等待审判。这4个人年纪都很大，德·莫莱年过七十，另外3人也年过半百。根据他们之前的供认，4人被控为异端，判处无期徒刑。有两名团员默默接受了自己的命运，余生将要在阴暗潮湿的监狱中度过，而德·莫莱终于不再沉默。令在场的人们和红衣主教震惊的是，大团长德·莫莱和他最忠诚的团员——杰弗里·德·查尼坚称自己是无辜的，否认了所有的招供，并坚持认为圣殿骑士团是神圣的、正义的。在过去7年里，德·莫莱未能为骑士团辩护，而今天，他豁出命做到了。

这一情况出乎意料，在场的红衣

▲ 朝圣者在前往圣地耶路撒冷途中经常遭到抢劫和杀害

主教傻眼了，不知道该如何应对。消息很快传到了腓力四世耳中，他对此勃然大怒，于是将刑罚从无期徒刑改为死刑。在这一天，德·莫莱和德·查尼被处死。德·莫莱没有选择屈辱地在狱中度过余生，受到了人们的尊敬。

剩下的团员们没有因为立下誓言而被释放，有很多人接受了惩罚，比如延长刑期。而有的团员加入了医院骑士团，有的被遣送到孤零零的修道院。历史对一部分团员的结局有所记载，但是整个欧洲有成千上万的骑士团团员，在很多出土文物中，只发现了骑士团大量的财宝，从未找到关于他们的任何资料。这也引发了人们的猜测，骑士团可能事先得到消息，在被捕之前就跑了。各种关于骑士团其他成员下落的阴谋论也四散开来。虽然我们都知道圣殿骑士团的下场很悲惨，但是骑士团剩下的那些成员究竟结局如何，一直没有答案。

骑士团的秘密

法国大革命

根据一些资料记载，当路易十六在法国大革命中被送上断头台时，一个男人冲上断头台，将手指浸在血中，大声喊道："雅克·德·莫莱，为你报仇了！"人群沸腾了。传说中，骑士团会报复那些曾严厉斥责他们的法国君主，所以引发人们猜测：骑士团在法国大革命中扮演了很重要的角色。与此同时，还有一个说法很流行，那就是幸存的骑士团成员隐藏起来，继续从事着自己的工作。

公爵夫人的身败名裂

埃莉诺·科巴姆本可以成为英格兰王后。但被指控为女巫后,她受尽公开羞辱,并被判处终生监禁。

1441年寒冬将近的时候,欧洲一位颇有名气的王室成员面临着终生监禁。这名罪犯是格洛斯特的埃莉诺,她已经受到了公众的羞辱,并且知道自己将死在狱中。但是半年之前,她还是王室的一位公爵夫人,丈夫即将成为国王,而她也将加冕为英格兰王后。埃莉诺距离成为王后只有一步之遥,却被指控为女巫,锒铛入狱,落得身败名裂。这一事件震惊了整个欧洲,因为这也许会改变英格兰的统治方式。格洛斯特公爵夫人被关押前,是英格兰最重要的人物之一,在审判中,她被指控操纵巫术导致了她的侄子——亨利六世的去世。短短半年时间,埃莉诺从一个王国的领袖沦为了社会弃儿,这段经历堪比一出超现实主义戏剧。

1441年10月,埃莉诺被指控操纵巫术,预谋陷害国王。她被迫公开忏悔她的罪行。埃莉诺十分喜爱奢侈品,但是现在昔日第一夫人的风光不再,她被要求赤足行走,手捧蜡烛,在伦敦游街。这个过程十分煎熬,在重复了几次后,她被押回了监狱。

埃莉诺一共被安排了三次游街。第一次是在1441年11月13日,她被要求去圣保罗十字架游街。第二次是从伦敦桥步行到伦敦城最东面的城门——阿

格洛斯特的公爵夫人——埃莉诺·科巴姆

（1400 年—1452 年）

埃莉诺·科巴姆出生在肯特郡，她通过婚姻成为王室中最重要的人物，但是她颇具争议的过去和想成为王后的企图，导致她在宫廷里四面树敌。1441 年，因被指控操纵巫术，埃莉诺身败名裂。

1864 年，画家詹姆斯·威廉·埃德蒙·道尔描绘的埃莉诺自我忏悔的场景

尔德门的基督教堂,这一次她手捧更多的蜡烛,做了更多忏悔。最后一次是在 11 月 17 日,埃莉诺赤脚从奎因希特走到康希尔大街的圣迈克尔斯。这些公开场合的忏悔主要为了杀鸡儆猴,希望其他人不要犯同样的错误,所以游街都选择在人们逛集会的日子进行,而且路过了很多著名的交易地点。

后来,这些事件都被画家艺术加工了,但现实中却是另外一番景象。埃莉诺的遭遇极其耻辱。毕竟,对她审判是为了收回她和丈夫汉弗莱的权力。

可以这样说,人们对于巫术的恐惧也是埃莉诺受到指控的部分原因。15 世纪中叶,人们对于巫术越发恐惧,1430 年至 1440 年,包括意大利和瑞士在内的欧洲部分地区出现了零星的迫害事件,对象主要为女性。在那个时代,当科学

▲ 1443 年,汉弗莱在泰晤士河河畔修建了普拉森宫廷,但是后来被查理二世拆毁

▲ 托马斯·沃尔辛汉姆的《圣奥尔本斯的"恩书"》中汉弗莱与埃莉诺的小画像

▲ 画于 18 世纪末,描绘了格洛斯特的公爵汉弗莱在亨利六世统治时期的形象

不能解释日常生活中的神秘现象时,许多人求助于巫术、才女和占卜术。

埃莉诺自从与汉弗莱结婚以后,便与丈夫一起居住在他们位于格林尼治的庄园,在那里招待诗人、音乐家和戏剧家。但不断有传言称汉弗莱和妻子在信仰上绝对不保守。甚至在埃莉诺操控巫术的谣言流传开之前,就有很多人相信埃莉诺做了一些见不得人的勾当。

这位格洛斯特公爵夫人并不是一个理想的王室新娘人选。1400年,埃莉诺出生在肯特郡,她的父亲是雷金纳德·科巴姆爵士,又被人称为"斯特伯勒男爵",她的母亲是埃莉诺·库尔佩伯。埃莉诺的父母并非王室成员,但她十分幸运,作为一个年轻女性,她在王室中获得了一席之地,被安排给埃诺的杰奎琳当侍女,当时,杰奎琳经常寻求亨利五世的帮助,希望拿到自己的遗产。之后杰奎琳与亨利五世最小的弟弟格洛斯特公爵汉弗莱结婚,他们去到海外夺回了属于她的领地。不久,汉弗莱回到了英格兰,但是他的妻子杰奎琳却被逮捕,关进了监狱。一时间关于埃莉诺是汉弗莱情妇的流言满天飞。1428年,教皇宣告公爵汉弗莱与杰奎琳的婚姻无效,很快,汉弗莱便娶了杰奎琳的侍女埃莉诺为妻。

▲ 匿名画作《埃诺的杰奎琳》。杰奎琳是格洛斯特公爵汉弗莱的首任妻子

转眼间,一位来自肯特郡骑士的女儿成为了位高权重的王室成员,但是她以情妇上位这件事常常为人诟病。埃莉诺的丈夫汉弗莱在格林尼治建造了一座奢华的宫殿,人称"欢乐园",埃莉诺拥有了这个富丽

王室女巫的历史

埃莉诺·科巴姆不是第一个,也不是最后一个被指控操纵巫术的王室女性

昂古莱姆的伊莎贝拉 1188 年—1246 年

昂古莱姆的伊莎贝拉被指控对丈夫约翰国王施展巫术,致使约翰国王不理朝政。来自文多弗的一位名叫罗杰的神职人员指控她操纵巫术,阻止约翰国王守卫他的法兰西领土,并且使整个王国陷入混乱。伊莎贝拉比约翰小很多岁,很明显,约翰国王是被伊莎贝拉沉鱼落雁之貌迷住了。在那个充满疑虑的年代,约翰国王不理朝政,贪恋女色,人们认为他是被伊莎贝拉施了巫术。

惩罚

虽然没有对她进行任何惩罚,但是她的名声受到了影响。

纳瓦拉的琼 1370 年—1437 年

琼是亨利四世的妻子,但是在亨利四世去世后,她被指控操纵巫术陷害她的继子——亨利五世。亨利五世骁勇善战,赢下了包括阿金库尔在内的很多战役,而且和继母关系很近。琼在丈夫去世后获得了一大笔赔偿,不料被亨利五世看中,想要将其作为弥补军队作战开支的重要资源,于是设计陷害了琼。

惩罚

琼被软禁在佩文西城堡,而且她的财产也被王室夺走了。亨利五世弥留之际,将琼放了出来,并且归还了她的所有财产。

卢森堡的杰奎塔 1415 年—1472 年

杰奎塔的长女伊丽莎白·伍德维尔嫁给了爱德华四世,成为了英格兰女王。1469 年,当爱德华四世的约克家族权力衰落时,杰奎塔被指控为女巫。她被指控操纵巫术促成伊丽莎白与爱德华结婚。她被要求在一个人形模型前演示巫术,但是目击者却称他看到了两个人形,猜测是伊丽莎白夫妇俩。

惩罚

卢森堡的杰奎塔被判为女巫的罪名不成立,因为在玫瑰战争中,她支持爱德华四世。

伊丽莎白·伍德维尔 1437 年—1492 年

伊丽莎白被指控对爱德华四世施了巫术,致使爱德华四世娶了她。传说他们邂逅于一棵树下,然后秘密结婚了,这引起了激烈的讨论。在爱德华四世去世后,他的弟弟查理三世继位,宣布伊丽莎白的孩子是私生子,一是因为她操纵巫术达成了与爱德华四世的结合,二是因为伊丽莎白曾操纵巫术使他身体不适。

惩罚

在查理三世统治时期,她只能逃往各地寻求庇护,也不幸失去了两个儿子。查理三世去世后,她的长女成为了英格兰女王。

堂皇的宫殿。据编年史记载，埃莉诺成为公爵夫人后，变得极其傲慢。此时，亨利五世已经去世，他的儿子亨利六世继任。汉弗莱时任护国公，拥有很大权力，虽然他善于学习，有着极大的个人魅力，并受到人们喜爱，但是在权力中心，他开始四处树敌。在阿金库尔战役中，汉弗莱与哥哥亨利五世并肩作战，击溃了法国由大批贵族组成的精锐部队，取得了胜利，随后他坚持继续进攻，想要一举拿下法兰西王位，但是其他人却不同意他的提议，因为战争会耗费大量钱财。他的叔叔亨利·蒲福主教就是反对者之一，两人在政治上逐渐开始产生分歧。

1435年，当汉弗莱的哥哥贝德福德公爵约翰去世后，他在王室中变得更加重要，也被认为是王位继承人的最佳人选，而他的妻子埃莉诺也将成为王后。1435年夏天，埃莉诺被封为嘉德夫人。走进温莎城堡，她心里只有一件事——王位继承人。埃莉诺与汉弗莱虽然已经结婚8年，但却未能生下一子。据传，汉弗莱有两个私生子，但是没有任何证据表明孩子是埃莉诺的。如果她再生下一个儿子，那么她的位置将无人能撼动。但当她40岁时，依旧没有为汉弗莱生下孩子。汉弗莱已经表示过他对此很不满意，他对于王位继承人期盼已久，很有可能会找个理由休了埃莉诺。

1441年，埃莉诺已陷入舆论旋涡，她承认自己会一些巫术，但仅仅是为了祈祷可以怀孕。有很多人不认同她的说辞，对她的指控也是五花八门，如同一部跌宕起伏的戏剧。

1441年6月24日，在圣彼得和圣保罗日

▲ 1540年，国王亨利六世的画像

前夕，埃莉诺吃饭时第一次隐约感受到自己麻烦缠身。当她在伦敦城的一个旅店里款待随行人员时，被告知她的两个手下罗杰·博林布鲁克和托马斯·南韦尔被伙伴约翰·休姆揭发，指控他们操纵巫术，试图陷害亨利六世，于是被逮捕。当罗杰·博林布鲁克被带走时，牵连了埃莉诺，博林布鲁克称是公爵夫人让他这么做的。

此话传出，整个王国一片哗然。占卜在那个时候并不违法，在有些地方甚至成为了一种时尚的休闲方式。但是，埃莉诺曾在占卜未来时询问自己是否可以成为王后，也就是从侧面问现任国王亨利六世还有多久才会去世。而她的手下博林布鲁克和南韦尔也被指控占卜了亨利六世的未来，结果显示亨利六世会在1441年夏天病死。因此，这两个人被指控犯有叛国罪。

埃莉诺逃走了，想去威斯敏斯特寻求庇护，但是却被一个教会法庭指控了，要知道，一旦遭到教会指控，那么罪名就算成立了。埃莉诺被带到了位于肯特郡的利兹大教堂接受审判，同时调

被判处死刑的女巫命运

如果被判处死刑,女巫将会死得极其痛苦,但是忏悔会让自己免于一死。

女巫被处以火刑是一种常见的刑法,但是这种惩罚只是在埃莉诺案件发生的 40 年前才出现。埃莉诺的公公亨利四世在 1401 年通过了《镇压异端邪说者令》,准许了对使用异端邪说叛国的女巫处以火刑。巫术属于异端邪说,违反了已确立的宗教习俗,由教会法庭判决。但是亨利五世于 1414 年通过了《镇压异端邪说行动法案》,给予了世俗官员逮捕嫌疑者的权力,然后将嫌疑者移交给基督教会,接受判决。

15 世纪,对异教徒的惩罚各种各样,比如掠夺他们的土地、财富和所有财产,但如果他们主动公开放弃,那么他们可能会继续活着。像玛杰里·约尔德梅恩这样的屡犯则会被判处死刑,根据《镇压异端邪说行动法案》,这些人应该被绞死,他们的绞刑架也会被火烧毁。14、15 世纪,火刑在欧洲大陆变得越来越普遍。圣女贞德在英国被逮捕后,于 1431 年被处以火刑,这也许是最著名的一桩火刑案件。

亨利八世在位期间,将巫术描绘成一种世俗的罪行,他于 1542 年通过的《巫术法案》要求,对那些造成钱财损失的罪行进行判决。伊丽莎白一世对被指控为女巫的人更为宽容,大概因为她自己的母亲安妮·博林就曾面临女巫指控。因此,她在 1563 年通过的《巫术法案》中规定只有对他人造成危害才能被处决。1604 年,詹姆斯一世在新的法案中将罪名延伸到了用法术召唤恶灵的行为,于是在 17 世纪早期,大量女巫被处以绞刑。

她觉得自己能够活着就已经很幸运了。

查仍在继续。还有种说法是埃莉诺请教了女巫玛杰里·约尔德梅恩,10 年前,约尔德梅恩因操纵巫术被打入大牢,在承诺不再使用巫术后被释放。约尔德梅恩和博林布鲁克一样,供出了埃莉诺,称受到了她的指使。指控变得越来越骇人听闻,有人称女巫玛杰里·约尔德梅恩制作了一个亨利六世的蜡像,想通过损坏这个蜡像达到伤害亨利六世本人的目的。这种对人像实施巫术的行为引起人们的恐惧。但是埃莉诺和约尔德梅恩辩解说她们这样做是为了让埃莉诺怀孕。

1441 年 10 月 26 日,托马斯·南韦尔死于伦敦塔。官方给出的解释是他因羞愧难当而死,但是据传他是在被判处死刑前自杀的。几天后,

女巫玛杰里·约尔德梅恩当众被处以火刑。11月18日，罗杰·博林布鲁克因犯有叛国罪被绞死。这时，埃莉诺也几近崩溃。

埃莉诺承认从女巫玛杰里·约尔德梅恩那里买了魔力药水，对汉弗莱施展了魔法让他娶自己为妻，此外，她还承认，汉弗莱与前妻离婚也是她暗中搞的鬼。

埃莉诺被勒令与公爵离婚，她失去了王室头衔，只剩下人们对她的无尽指责。不到一周，惩罚降临到她的头上，但她觉得自己能够活着就已经很幸运了。她的对手想看着她身败名裂，与此同时，公爵汉弗莱的好名声也受到了影响。

公爵逐渐淡出历史舞台，消失在人们的视野中。而他的死敌，也就是亨利·蒲福主教逐渐得到了权力。在埃莉诺被定罪后，汉弗莱离开了王室，将英格兰政府交给了其他人。1447年，汉弗莱被指控叛国罪，在被捕几天之后，死在了狱中，人们猜测他有可能是被毒害了。

埃莉诺的余生都是在狱中度过的。她先是被关押在切斯特城堡，之后转移到凯尼尔沃思和皮尔城堡。最后从1449年起被羁押在安格尔西岛上的博马里斯城堡，而数百公里外就是见证了她曾经的黄金时代，并保留了她无数荣光与叹息的大伦敦。

埃莉诺·科巴姆死于1452年7月7日，她的死却没有引起判处她罪行的法院注意。那时，亨利六世已到而立之年，娶了安茹的玛格丽特。后来，英格兰两个家族为争夺王位，爆发了"玫瑰战争"。

埃莉诺很大程度上被历史遗忘了，只有在谈到英国王室的典型女巫时才会被人想起。她并不是唯一一个被指控操纵巫术的王室女性，但她却受到了最重的惩罚。她到底是想成为一位合格的母亲还是女王，或许只有她自己才知道答案。

▼ 1449年到1452年，埃莉诺被羁押在安格尔西岛上的博马里斯城堡里

伊丽莎白·伍德维尔，白王后与黑魔法

爱德华四世与伊丽莎白·伍德维尔童话般的婚姻背后，是否有巫术作祟？

1464年春天，英格兰约克王朝首位国王爱德华四世在一个艳阳天来到了惠特伯里森林打猎。无论是猎物、天气还是这个让他登上王位的动荡时代，都没能令其沉湎，很快他就被其他事物完全吸引了。在橡树下站着一个倾城倾国的女子，当女子看到爱德华向她走来时，毫不犹豫地站在了路中央，恳求爱德华四世帮她说情，让她回到属于自己的领土，让她的家人摆脱困顿的生活。那一刻，爱德华受到了深深的触动，不仅因为有可能在打猎中有所收获，更因为他一瞬间陷入了爱河，这种爱的魔力降临到了他的头上，伴随了他一辈子。

伊丽莎白·伍德维尔
（1437年—1492年）

伊丽莎白最出名的就是与爱德华四世饱受质疑的婚姻，她的儿子被称为"塔中的王子"，命运凄惨，被国王查理三世关在了伦敦塔中。伊丽莎白作为英格兰女王，在历史上受到了各种非议。

▲ 爱德华四世画像，由一位艺术家在他死后创作

爱德华四世想娶她，在此之前没有人能抵抗这位年轻英俊的君主。然而，他却不能说服这个长相甜美的女孩去勉强接受这段爱情。当时，人们都在讨论这个女人到底想从国王那里拿走什么，他们说这个女人的品行很差，没有羞耻心，让国王屈膝在她面前求婚简直是一种耻辱。

接下来的故事众所周知，爱德华四世对她一往情深，于是决定求婚。他们秘密结婚了，直到当年9月，他们结婚的消息没能够继续隐瞒下去，这令整个王室震惊万分。

魅力非凡、风流成性的爱德华四世邂逅了伊丽莎白，并向她求婚，最终幸福地生活在一起，这一故事被添枝加叶广为流传，但是其中很多描述并非事实。有一个疑问一直存在：究竟是什么让爱德华四世不顾一切世俗看法迎娶伊丽莎白呢？在当时人们看来，答案也很简单，一方面，伊丽莎白用自己的美色引诱了爱德华四世，另一方面，便是她对爱德华四世施展了巫术。

人们对于伊丽莎白的指控最早开始于1469年，但并不直接针对她本人，而是瞄向了她的母亲杰奎塔，曾经的贝德福德公爵夫人。这段时间对她们一家人来说很煎熬，先是杰奎塔的丈夫和儿子在爱德华的指令下被"造王者"沃里克伯爵处死，随后伊丽莎白和她的孩子对于自己的安全也感到不确定。爱德华四世也无能为力，他被沃里克伯爵——那个帮助他登上王位的人囚禁了。在这场混乱中，一位名叫托马斯·维克的男人出面，指控杰奎塔·伍德维尔操纵巫术。他说他自己被恶魔附身了，此恶魔身为人形，是杰奎塔出于某种邪恶的想法召唤出来的。另外一位名叫约翰·丹格的神职人员也出面，同意维克的说法，证实杰奎塔可以制造出两个人形，一个国王一个王后。这也从侧面说明杰奎塔通过制造人形和巫术促成了爱德华四世与女儿伊丽莎白的婚事。

杰奎塔被逮捕，关押在了沃里克城堡。整件事有政治阴谋和背后操纵的嫌疑，维克是沃里克伯爵的坚定支持者，他们将这些女性的生命视同儿戏。然而，杰奎塔的呼吁得到了伦敦市市长和其他有权势的人物的支持，但是爱德华四世此时已成为"笼中鸟"，他被迫让支持者反对自己的岳母。而在1470年1月，当爱德华四世被打入大牢后，杰奎塔的案件也就不了了之了。杰奎塔下定决心证明自己的清白，她指控维克对她心存恶意。教会法庭面对杰奎塔激烈的辩护，最终宣布她无罪。维克之所以在公众面前指责杰奎塔操纵巫术，是因为受到了国王和包括沃里克伯爵在内的所有王室成员的支持。

1483年，伍德维尔家族与巫术之间的关系再次被公众讨论。4月，爱德华四世意外身亡，对于巫术的指控再次抬头。那时，杰奎塔、沃里克伯爵和爱德华四世都去世了，但是格洛斯特公爵查理将目标瞄向了伍德维尔家族的伊丽莎白。查理看到自己有机会登上王位，于是决定将屡次干涉宫廷政治的伍德维尔家族斩草除根。

查理到了会议厅，情绪高涨，然后突然离开了。回到家，他立即判若两人，极其夸张地撸起袖子，露出胳膊，说自己的手不能用了，并指控伊丽莎白为女巫，是她造成了这一切。此外，爱

▲ 两名女巫往大锅里添料，出自1489年德国的木版画

爱德华四世的弟弟看到了从侄子手中夺取王位的机会。

德华四世最爱的情妇简·肖恩也被认定为共犯。次年1月，对伊丽莎白和肖恩的指控得到教廷证实。查理三世的议会通过了王权法案（*Titulus Regius*），进一步加强了王权，并声明爱德华五世为爱德华四世和伊丽莎白的私生子。法案中给出了两个理由：第一，爱德华四世已经与埃莉诺·巴特勒夫人订婚，所以他与伊丽莎白的婚姻是无效的，他们所生的孩子不属于王室成员；第二，爱德华四世与伊丽莎白之所以结婚是因为伊丽莎白和她的母亲杰奎塔使用了巫术。

1484年1月23日通过的法案中写道：爱德华四世与伊丽莎白的婚姻是不存在的，不合情理，并且扭曲了规则。说到对于伊丽莎白是女巫

的指控，只是一些猜测，没有其他实质性的证据。法案中的政治目的不言而喻。查理获得了权力，并对伊丽莎白的孩子进行政治打压，剥夺了他们成为英格兰国王的机会。伊丽莎白并没有被送上教廷接受审判，因为查理达到了自己的目的，没有必要再对伍德维尔家族赶尽杀绝，他的政治诉求十分清晰明了。

实际上，对于伊丽莎白操纵巫术的指控都出现在事件本身发生很多年之后，可见这一行为完全出自政治目的，想以此来败坏伍德维尔家族的声誉，剥夺他们的话语权。但是，对伊丽莎白的所有指控都是假的吗？

巫术会使人坠入爱河，这对于我们现代人来说很荒唐，很不可思议，但是在15世纪的欧洲，这种做法很常见。16、17世纪，巫术常被用来促成婚姻，人们对于巫术的信仰已经可以与宗教信仰相提并论。1471年，魔法再次出现在传说中，在耶稣受难日当天，爱德华四世前去巴尼特会见沃里克伯爵的军队，准备讨论两军之间的矛盾。据说，这天雾很厚，看起来不像自然形成的，而是利用巫术和魔法操纵的结果。

伊丽莎白和母亲杰奎塔并不是王室成员中唯一被指控操纵巫术的女性。在当时，操纵巫术是一个很致命的指控，被指控者往往会身败名裂。1419年，纳瓦拉女王琼就因此被打入大牢。还有格洛斯特公爵夫人埃莉诺·科巴姆，她曾在被判处终生监禁前受到公开羞辱，原因是她得到了女巫玛杰里·约尔德梅恩的帮助，促成了她与公爵的婚事，除此之外，埃莉诺还大胆地占卜，预测丈夫何时可以成为王位继承人。虽然伊丽莎白并没有做很出格的事，但她和母亲杰奎塔都已经切身体会到了巫术可能带来的严重后果。

但是，如果我们仔细分析这些所谓证据，不难发现对于伊丽莎白和杰奎塔的指控并非空穴来风。

▲ 伊丽莎白的版画，出自玛丽·豪特《英格兰女王小传》
（*Biorapbical sketches Of The Queens of England*）

一些作家曾介绍过杰奎塔的出身背景，她们一家人拥有传说中海妖——美人鱼的血统。通过这样的血缘关系，有人说杰奎塔和女儿伊丽莎白天生就遗传了巫术才能。对于那个时代的人而言，这种说法并不夸张，巫术通常被认作在家族中代代遗传的，这种说法在英格兰之后的女巫审判中也同样适用。

▲ 插图为爱德华四世与伊丽莎白结婚的场景，出自让·瓦夫林《英国古代历代志》（Anciennes Cbvoniques D'Angle terre）

同样，有人曾断言伊丽莎白和爱德华四世是在 5 月 1 日结婚的，这天也是传统节日五朔节，是异教徒日历中的重要节日之一，与巫术和仪式有着密切联系。一些书中记载，爱德华四世曾参与过一些神秘的仪式，并在与伊丽莎白结婚的前一天晚上，与众多女巫一起寻欢作乐。当然，这

我们发现对于伊丽莎白和杰奎塔的指控并非空穴来风。

▲ 插画为双尾美人鱼，出自让·阿拉斯《美人鱼的一生》（*Le Liver De Mélusine*, 1478）

些完全都是谎言：没错，爱德华四世在婚礼当晚的确十分疲惫，但是肯定有比与女巫寻欢作乐更令人信服的理由。

爱德华四世的婚姻出乎大部分人的预料，王后的身份也受到诸多质疑，所以人们就很容易相信这场婚姻背后一定受到了某种巫术操纵。伊丽莎白从一开始就受到他人的谴责和恶意攻击，因为她长得好看，令很多人忌妒。但她在和爱德华四世结婚前，没有领土，也没有贵族头衔。在那时，她是唯一一个成为王后的平民，与此同时，她也成为各种谣言攻击的对象。她被人看作不可一世的新贵，一位极不称职的妻子和王后。伊丽莎白的母亲杰奎塔也被认为拥有了过多权力，她不光教唆自己的女儿去诱惑国王，还为自己的家族成员谋求到了一官半职，促成他们与王室成员的结合。

虽然听起来这貌似是一个完美的故事，但事实上，伊丽莎白和她的母亲想要操纵巫术来促成这桩婚事是极不现实的。除了偶然之外，只有一种情况能够解释得通，就是有人，或许就是她的母亲提前告诉伊丽莎白国王要外出打猎，于是她事先守在爱德华四世路过的地方，制造偶遇，但并无显著的证据能够证实这一点。

如今，对于伊丽莎白和她母亲的控告会从政

▲ 插图为一个年轻男子购买迷情剂的场景，出自法国喜剧作家莫里哀创作于 17 世纪的喜剧《爱的灵药》（L'amour Médecin）

▲ 插图为伊丽莎白与儿子理查德告别,出自维多利亚女王时代

有人告诉她国王要外出打猎,于是她事先守在爱德华四世路过的地方,制造偶遇。

治方面考虑。爱德华四世意外身亡后,有两个王位的主要争夺者,一个是格洛斯特公爵查理,他是爱德华四世的弟弟,另一个是以王后为首的伍德维尔家族。伍德维尔家族对查理构成了直接威胁,当时爱德华五世年纪很小,伍德维尔家族干涉宫廷政治,查理虽然名义上为护国公,但是并没有获得对爱德华五世的绝对控制。很简单,查理只要让伊丽莎白和她的孩子离开王室,自己就

可以登上王位。

查理指责伊丽莎白操纵巫术使他的手臂无力，让他无法正常呼吸。知道他的用意后，就可以理解为什么他不愿意继续审查伊丽莎白了。托马斯·莫尔称这些指控简直一派胡言，伊丽莎白十分讨厌简·肖尔，仅凭这个理由就可以否定对他们两人曾一起密谋的指控，莫尔还说，伊丽莎白很聪明，她不会愚蠢到去当一个招人恨的女巫。

伊丽莎白是女巫吗？从证据看，她不是。无论你相信与否，关于伊丽莎白的故事一直受到人们的喜爱。近年来，伊丽莎白和爱德华四世的故事也被改编成许多文学作品和影视作品，我们可以发现对于伊丽莎白是否为女巫的讨论已经变少了，在不久的将来，伊丽莎白是否为女巫也就不会有人在意了。

《扫罗王与女巫恩多》

雅各·科尼列兹·凡·奥斯占恩（1526年）

雅各·科尼列兹·凡·奥斯占恩创作的这幅油画描绘了《圣经·旧约》中一个著名的故事。扫罗王是以色列第一位王，他在与腓力士人作战前，询问了会占卜的女巫恩多。恩多召唤了幽灵预言家撒母耳（图中从坟墓中出来的人物）前来，但撒母耳并没有告诉扫罗王怎么打败腓力士人，却告知他将被打败。果不其然，第二天，扫罗王便在战争中受伤了，出于对预言应验的恐惧，扫罗王自杀了。这幅画是对操纵巫术的一个警告。

詹姆斯六世和女巫

苏格兰国王詹姆斯六世在亲身体验了巫术之后——至少他自己是这么认为的，发动了一场针对女巫的战争。

整个苏格兰陷入对于巫术和巫师的恐惧中，这让苏格兰国王詹姆斯六世出版了自己的一部专著，他这样做并不是为了炫耀自己的知识和智慧，只是想出版一本书，尽力去解开很多人的疑惑。

《恶魔学》（Daemonologie）于1597年在爱丁堡出版。该书在苏格兰引起了很大的反响，一方面这本书创作于猎巫风潮最严重的时期，另一方面这本书是由在位的英国君主编写的。那究竟是什么促使苏格兰国王以个人名义参与到对抗黑魔法的行动中？大概有三种原因促使他拿起笔，写下了这本书。

第一个原因，也是最重要的原因，是詹姆斯六世十分相信自己

> **苏格兰国王詹姆斯六世**
> （1566年—1625年；
> 1567年—1625年在位）
>
> 詹姆斯六世是苏格兰女王玛丽和第二任丈夫达恩·利勋爵亨利·斯图尔特的儿子。母亲玛丽一世的苏格兰王位被废黜，幼小的詹姆斯·斯图亚特便登基为王。在他统治时期，最显著的一个特点就是迷信。1603年英格兰女王伊丽莎白一世驾崩，死前将王位传给詹姆斯，詹姆斯成为英格兰国王。

詹姆斯六世肖像画,由画家约翰·德·克里茨于17世纪初创作

▲ 丹麦的安妮是苏格兰国王詹姆斯六世的妻子，这幅画创作于1600年

的智力。他博览群书，爱好辩论，对一切充满好奇，尤其迷恋神学，他认为自己作为国王和学者，有责任把智慧传授给臣民。第二，他认为自己成为了1589年恶魔袭击的对象，这件事给他留下了很深的印象。第三，他一直很警惕有人叛国，并且坚持认为对王位造成的威胁是由一些邪恶力量导致的。

苏格兰国王詹姆斯六世，名詹姆斯·斯图亚特，1岁时便登基为王。1567年7月，母亲玛丽一世的苏格兰王位被废黜，幼小的詹姆斯失去了向自己亲人学习如何执政的机会。他由多位摄政王抚养长大，他必须服从死板的教育制度，乔治·布坎南是他的家庭教师，一位博学但脾气暴躁的长老会教徒。詹姆斯15岁时，已经

·100·

▲ 女巫被认为是恶魔的代理人，大量女巫在中世纪欧洲被迫害

掌握了拉丁语、希腊语和法语，完全理解了《圣经》和加尔文主义的教义。他的学习能力很强，再加上上帝赋予的王权，所以他认为自己的观点不仅出于理性而且得到了上帝的支持。

民间信仰、天主教和新教的神学，都相信巫术的存在并且对此极度恐惧。多个世纪以来，欧洲通常将操纵巫术的人分成两类，一类是懂医术、识草药，能用土法子疗伤治病的女巫和男巫，他们在缺医少药的黑暗时代，颇受民众的爱戴，他们使用的是"白魔法"；另一类巫师专做坏事，给受害者带来厄运，他们使用的是"黑魔法"。15世纪80年代，这一情况发生了彻底改变。天主教逐渐陷入与多个异教的战争中，从而改变了巫术的定义，关注点已经不再是巫术可以带来益处还是破坏，而是巫师获得巫术的来源。教皇英诺森八世发布通谕，谴责巫术迷信，他称巫师与恶魔撒旦勾结。这些巫师一旦被宗教裁判所判决有罪，将被移送到世俗法院接受处决，通常会被处以火刑。《女巫之锤》出版了，实际上这是一本教导女巫猎人和法官如何识别巫术、检验女巫

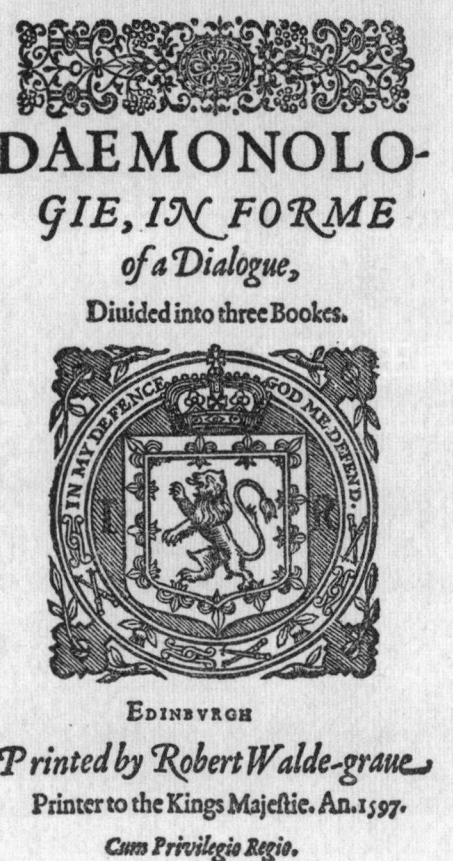
▲《恶魔学》由詹姆斯六世编写，图为该书扉页

▲ 第谷·布拉赫的天文台吸引了大批学者前来参观

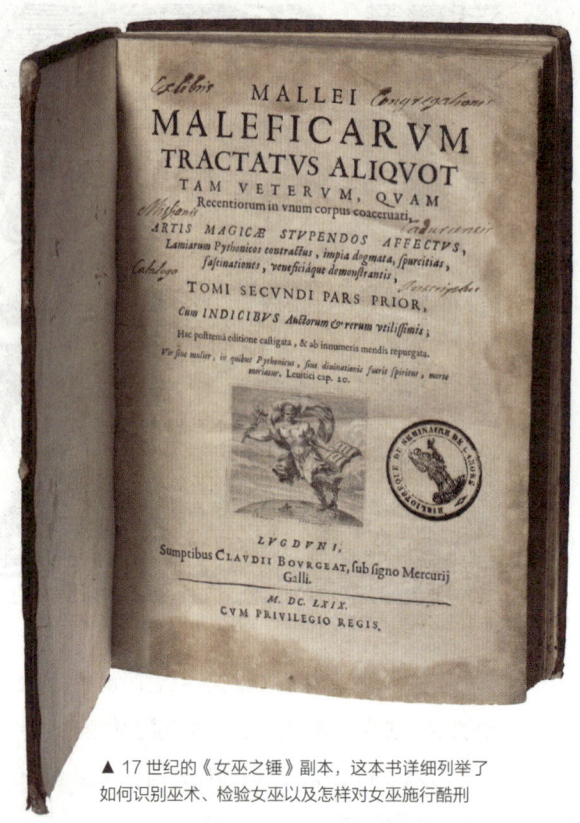
▲ 17世纪的《女巫之锤》副本，这本书详细列举了如何识别巫术、检验女巫以及怎样对女巫施行酷刑

国王的偶像
詹姆斯六世遇到了一个与他同样智力超群的人

詹姆斯六世见到第谷·布拉赫（1546年—1601年）时，难掩心中喜悦。第谷·布拉赫是当时著名的科学家和天文学家，他性格外向，富有特色。布拉赫曾为了争论数学上的某个论点，与一个贵族展开决斗，不幸被砍掉鼻梁，后来只得装一个金属制成的假鼻子。他还经常举行奢华的聚会，把驼鹿放在家里当宠物。布拉赫拥有丰富的科研器材，还有一间实验室、一个天文台、一个图书馆和一个专门制造天文仪器的工作室。他进行了大量天体运行的观测和计算，同时利用这些结果来进行占卜。虽然布拉赫处于科学研究前沿，但是他却专注于路德教派的恶魔信仰。

以及怎样对女巫施行酷刑的书。这本书一度成为畅销书，到了1600年，这本书已经有了28个版本。书中对于巫术有着大量描写，在宗教改革期间，这是天主教和新教能够达成共识的为数不多的议题之一。因此引发了猎巫风潮，数千人被处决，其中大部分为女性。

对于女巫的迫害并没有波及整个欧洲大陆。不列颠群岛避开了这一风潮，这本书也没有被翻译成英文。这并不是说英格兰和苏格兰政府不担心巫术可能带来的问题，相反，两国政府都于1563年通过了巫术法案，但是北部边界的草案更加严苛，规定操纵巫术者和咨询巫术者可被判处死刑。在法案通过后的25年里，很少有人受到迫害，甚至连判决都很少出现。

女巫救世主

并不是所有人都支持猎杀女巫的行动

雷金纳德·斯科特（1538年—1599年）生活在英国都铎王朝时期，是典型的英格兰人，独立、可靠，彬彬有礼。他是肯特郡的一位地主，财产不多，也是一位治安官员，还在西班牙无敌舰队时期担任新罗姆尼市的国会议员。他写了两本书，内容丰富，出版后广受赞誉。第一本书于1576年出版，是关于啤酒花栽培的指南，但更具有独创性的一部作品是出版于1584年的《巫术的真相》。斯科特听到大量女巫被迫害的信息后，头皮发麻，惊恐万分。于是他打算从历代国王对于巫术的看法中找到证据，证明女巫必恶的看法违背了《圣经》与理性。除了谴责女巫审判之外，书中还介绍了女巫的共同信仰，以及咒语、巫术、欺诈等行为，重点分析了女巫的行为特征。詹姆斯六世看到这本书后很生气，认为该书对自己的猎巫行动极为不利。

▲ 图为雷金纳德·斯科特书中反对女巫迫害的篇章

阴谋论笼罩下的欧洲

苏格兰并非是唯一一个迫害女巫的国家，欧洲其他国家也开展了不同程度的女巫猎杀活动

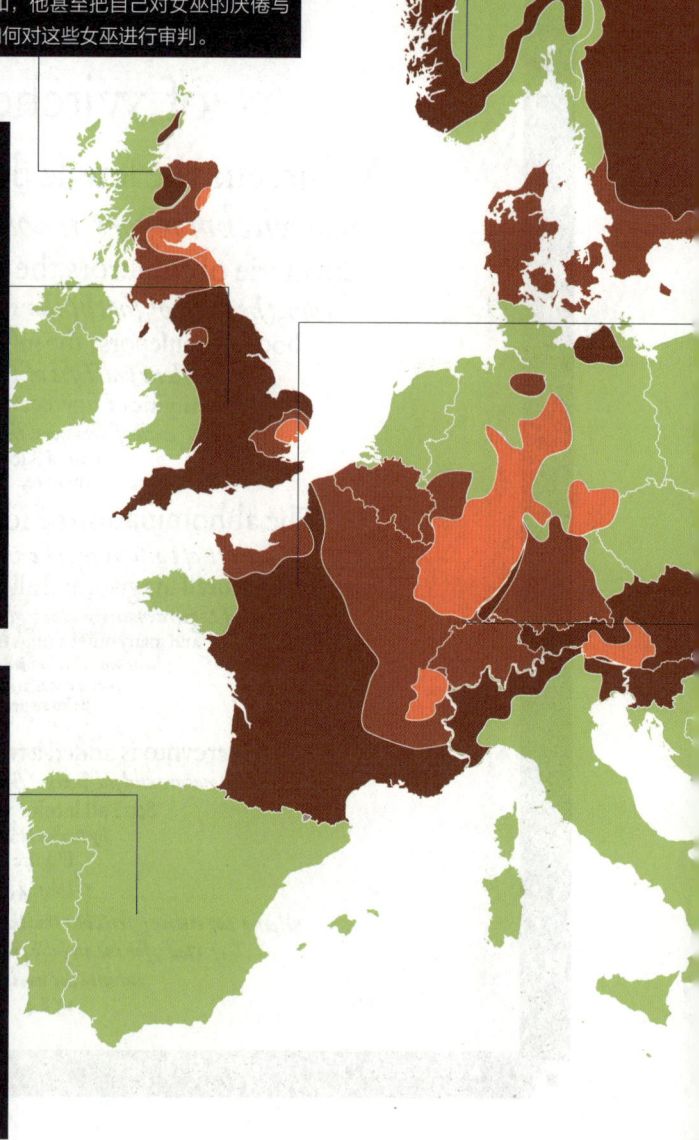

苏格兰
受审人数：4000—6000
处决人数：1500

苏格兰与周围国家不同，他们不仅关注对苏格兰教会和君主造成困扰的女巫，而且关注巫术行为本身。从1563年开始，操纵巫术和咨询巫师都是违反上帝和国王的罪行，可以判处死刑。审判是在世俗法庭进行的，但苏格兰教会是一支不可阻挡的力量，经常负责收集证据和提起诉讼。詹姆斯六世对女巫的态度世人皆知，他甚至把自己对女巫的厌倦写进了书中，法官很明白该如何对这些女巫进行审判。

英格兰
受审人数：1000
处决人数：500

《反对咒诅、魔法和巫术的法案》（1563年）将操纵巫术导致他人伤亡，以及预测女王命运的行为都列为重罪（有人曾预测伊丽莎白一世的命运，发现她与她父亲一样多疑）。那些造成他人死亡和预测他人命运的女巫将被处以绞刑，而那些造成他人伤害的女巫将面临一年监禁，并受到公开批评，如若再犯，将面临无期徒刑。大量巫师的案件都是在巡回法庭中审判的，当地的陪审团更容易患癔病，来自伦敦的法官面对农村的迷信时，更倾向于用自己的学识来指导审判。英国女巫猎手马修·霍普金斯在1644年到1647年发动了多次猎巫行动，大量女巫被处决。

西班牙
受审人数：2000
处决人数：100

虽然宗教迫害已经在欧洲出现了几个世纪，但是西班牙依然保持相对清醒，没有做出过激行为。西班牙宗教法庭尽全力将女巫审判权从世俗法庭夺走，彻底清除中世纪传统的公共司法，这类司法经常对女巫使用酷刑和进行冷酷无情的询问，然后逼目击者招供。1609年，虽然恐慌在语言和文化都不发达的巴斯克自治区蔓延开来，但时任宗教法庭裁判员之一的阿隆索·德·萨拉萨尔并不相信这些指控，讥讽那些对女巫的谴责"超出了人的理性，甚至超过了恶魔撒旦允许的范围"。1614年，宗教法庭规定只有供认和指控不足以给女巫定罪判刑。

丹麦和挪威

受审人数：3400

处决人数：1350

虽然斯堪的纳维亚地区被誉为猎杀女巫之都，但由于哥本哈根条款（1547年）的限制，丹麦和挪威的大规模猎杀女巫活动相对罕见，该条款规定不诚实的人（包括女巫）的指控不能成为另一个人定罪的依据。当丹麦的猎巫风潮席卷苏格兰时，苏格兰加大了猎巫力度。苏格兰海员约翰·坎宁安在1619年被任命为偏远北部芬马克郡的地方长官，一年后，有关撒旦阴谋论的传闻第一次出现了，坎宁安主持了52次审判，其中最严厉的一次审判与詹姆斯六世恼火的案件相似，女巫被指控操纵巫术引起了狂风，使得海与天连成一片。

法兰西

受审人数：3000

处决人数：1000

法兰西是中世纪猎巫运动的发源地。在早期被指控的女巫经常求助于最近城市的高级法院。一旦提起上诉，整个案件将被送到省上，然后在鲁昂和巴黎审理，在这里女巫可以说真话，情绪很难得到控制。有百分之七十五的案件送到巴黎最高法院后被驳回，有九成女巫得到减刑。但是，有很多无罪释放的人在回家途中被用私刑处死，在阿登山地等偏远地区有很多女巫被沉河或投石，用私刑处死。

神圣罗马帝国

受审人数：50000

处决人数：25000—30000

神圣罗马帝国由不同的国家和公国组成，宗教改革的断层就像是玻璃窗上的裂缝一样，原本合理的法典中出现漏洞，使得帝国在面对地区势力时无能为力。猎巫委员会由当地大人物组成，他们可以制定"女巫税"，来收取钱财支持自己的事业，也可以发动猎巫运动，理由是巫术对整个帝国有很大威胁。猎巫运动省去了一些不必要的流程，给予猎巫委员会随时起诉女巫和使用酷刑的权力。农村地区盛行猎巫，而城市中心也被这股风潮席卷，尤其在一些德国城市中发生了许多死亡事件。

但在1587年到1591年，情况变得复杂了。

詹姆斯六世的统治并不牢固，因为苏格兰贵族之间各派系斗争不断。其中最有威望的是博思韦尔伯爵弗朗西斯·赫伯恩（1562年—1612年），他是詹姆斯五世的私生子，也是詹姆斯六世的母亲玛丽的哥哥。伊丽莎白认为玛丽图谋染指英格兰王位并对她造成了威胁，于是将玛丽囚禁了18年，并于1587年2月处死了玛丽。博思韦尔得知妹妹玛丽去世后，非常愤怒，于是准备复仇。但是他发现詹姆斯六世并没有因母亲被人陷害而感到伤心，也不想复仇，这让博思韦尔感到愤慨。

第二年，博思韦尔得到反击英格兰的一个绝佳机会。当时西班牙无敌舰队没能成功侵略英格兰，于是被迫北上，停留在苏格兰海域附近。詹姆斯六世任命博思韦尔为海军上将，下令进攻西班牙战舰，但是博思韦尔有了其他打算。他计划得到国王腓力二世的战舰支援，并对英格兰发动了第二次进攻。他暗中策划打造一支属于自己的军队，与苏格兰和西班牙的天主教贵族结盟。博思韦尔的计划不久便败露，他被詹姆斯六世关进了监狱，但是詹姆斯考虑到此人很重要，虽然有点莽撞，但是懂得克制，于是在1589年9月让博思韦尔复职。詹姆斯六世有更加重要的事情需要考虑，他打算娶丹麦公主。他已经与丹麦国王克里斯蒂安四世的姐姐安妮订婚，但是出现了意想不到的转折。

15岁的安妮跟随船队从哥本哈根出发，前往爱丁堡，但是途中遭遇狂风，被迫前往挪威海岸寻求庇护。其实，秋天的风都很大，属于正常现象，但是詹姆斯六世觉得自己的大事被耽搁了，于是决定亲自前往迎接新娘。詹姆斯六世在丹麦宫廷待了半年，他很享受与学者之间的智慧的碰撞，喜欢与他们辩论。他的所见所闻在我们看来

▲ 莎士比亚戏剧《麦克白》中关于三个女巫的一幕，这个场景改编自国王詹姆斯六世自认为遭遇女巫的亲身经历

很奇怪，既有迷信观念，也有科学道理。

出现在丹麦宫廷的都是一些思想自由的哲学家和科学家，其中最重要的人物是第谷·布拉赫，他是一位出身在贵族家庭的占星学家，是欧洲研究星体运行的领军人物。詹姆斯六世认为自己是一个大学者，并且拥有欧洲国王的成熟特质。他将自己的见解加入到老一辈的信仰中，并决定形成属于自己的哲学体系。

詹姆斯的坚定信念对于他理解最高权力极为重要，他认为国王是上帝指定的代表。因此，否定国王的人就是在否定上帝，这些人就是恶魔撒旦的手下。这种想法适用于叛国行为，也适用于操纵巫术。詹姆斯六世现在"看到了"阻止安妮顺利前往苏格兰的狂风是有人操纵巫术形成的，他在1590年5月回家时也遭遇了狂风，这更验证了有人操纵巫术的说法。他是否主动采取了一些行动，我们不得而知，但是在接下来的几周内，来自丹麦的消息让他拿定了主意。丹麦的政治局势与前几年苏格兰出现的情况有点相似，登基的国王年纪小，于是王宫内的很多贵族代替他行使

詹姆斯六世不需要更多的动机就能开展猎杀巫师的行动，因为此时，苏格兰政治与迷信已经融合在了一起。博思韦尔为了知道自己的阴谋是否会得逞，询问了可以预测未来的女巫。当他的对手知道后，那些女巫被逮捕了。受到审讯后，这些女巫指控博思韦尔向他们行贿，主要想利用她们的巫术引来狂风掀翻国王的船，以此来杀害国王。叛国罪和恶魔同时出现让国王对自然和超自然力量的结合产生了恐惧。国王的军队抓住了博思韦尔，虽然他多次违反法律，甚至公然叛乱，但是在1595年，他逃跑了，后半辈子过着流亡的生活。

与此同时，北贝里克开始了一场惨绝人寰的女巫帮大审判。詹姆斯六世亲自参与了几场审判，听到了主要嫌疑犯描述与恶魔撒旦见面的场景："撒旦在北贝里克的奥尔德柯克接待成批的女巫，他坐在布道坛上，身披黑色长袍，戴着黑色的高帽子。他的鼻子像鸟嘴，眼睛发光，让他更显得恐怖。大概200多名崇拜者到了，一些飞在空中，急不可耐地想获得撒旦的指令去行动。"有书记载，詹姆斯六世起初对这一切很怀疑，但是据当时的一则报道称，他在听完一位名叫艾格尼丝·桑普森（后被勒死，处以火刑）的重要嫌疑犯的供述后相信了，这位女巫说：

"……国王殿下和女王在挪威新婚的第一个晚上说了很多话，开始他们两个人有各自的主张，随即国王殿下先是感到很惊奇，然后变得深信上帝，相信地狱中有恶魔，承认女王说的话十分正确，于是给予了女王一切的信任……"

最早一批嫌疑人所遭受的惨绝人寰的酷刑之一，便是要被迫编造谎言"揭露"其他罪犯违反了1563年颁布的《巫术法案》。为了迎合审问者，被拘留的女性一个个成了告密者，以至于各项指控和逮捕层出不穷，殃及100多位嫌疑犯。

权力。1590年夏天，首席部长以多项罪名被指控，包括安排安妮公主乘坐装备较差的船出海，威胁到了公主性命。他反驳说，附近海域发生的海难是女巫导致的，于是导致大量女性被逮捕，最少有12人被处决。严刑拷打之下，一些人只好编造谎言，免受皮肉之苦。但是，也有一些人主动承认了指控，并且称自己会操纵巫术。这些人很享受拥有超自然能力带给自己的虚荣心，并且声称自己亲眼见过恶魔撒旦，还受到撒旦委托把恶魔送上船，带他们驶向祸源，制造灾难。

这些案件弄得大家人心惶惶，但是陪审团并不会很快作出裁决。而当女巫被无罪释放后，詹姆斯六世就会很恼怒。因为巫术和叛国罪在詹姆斯心中可以画上等号，任何宽大的判决在他眼中都变成了对他的不忠。他指出，这些"受误导的"陪审员已经活不长了，他们也将受到女巫的死亡诅咒，詹姆斯六世还表示，他会继续抵制恶魔：

"……为了国家变好，让我的一生没有战争困扰……因为我没有经历过战争，所以我打算继续带领大家一起前进；并不是因为我是詹姆斯·斯图尔特，可以命令全国人民，而是因为上帝赋予我国王的权力，让我作出公正的判决……"

詹姆斯六世遵守了承诺，在1597年写了一本关于巫术的书《恶魔学》，并赠送给了自己的臣民，书中都是詹姆斯对于巫术的一些探索和理解。对于现在的读者，这本书读起来也许有点奇特，但是在那个年代，这本书反映了当时的社会现实。一位德国作家写了一部警世故事《浮士德博士史话》（Historia Von D.Jobann Fausten），书中描写了一位与恶魔有勾结的学者，在同一时期，詹姆斯六世的《恶魔学》问世。英国戏剧家克里斯托弗·马洛将这个故事改编成了戏剧《浮士德博士的悲剧》（The Tragical History Of The Life And Death Of Doctor Faustus），并在海军大臣剧院演出。然而，并不是每个人都对女巫有兴趣，詹姆斯六世最主要的目标是雷金纳德·斯科特，他为人朴实，是一位来自英国肯特郡的绅士。1584年，斯科特出版《巫术的真相》，重新定义了巫术的概念。

詹姆斯六世在书中采用对话的形式，用《圣经》和一些民间故事解释了宗教战争。但是他的主要兴趣还是在女巫身上，书中探究了如何辨认女巫，如何消灭女巫，他还对地方检察官提出了警告：

"当上帝要求惩罚的时候，不选择惩罚，而是饶了他们的命……是多么令人憎恶的错误，是对上帝的背叛……这不仅不合法，而且毫无疑问，是这位地方检察官的罪过……"

1603年，英国女王伊丽莎白一世指定詹姆斯为其继承人后驾崩，詹姆斯继位为英格兰国王，称詹姆斯一世，他也成为英格兰和苏格兰两个国家的国王。此后，有很多更加有趣的事情等着他去处理，于是他逐渐放弃了猎杀女巫的行动。1606年，莎士比亚的悲剧《麦克白》在汉普顿宫演出，这是为了纪念苏格兰国王的祖先，但同时，这也是猎杀女巫运动开始的信号。难以置信的是，当剧目刚开始介绍三位女巫时，詹姆斯六世就明白了对话中的含义。这三个女巫又老又丑，她们在讨论如何袭击一位驶向阿勒颇的船舶的船长：

第二个女巫：我要助你一阵风
第三个女巫：我也助你一阵风
第一个女巫：剩余的我都有了
狂风从每一个港口吹出……
我要把他弄得像干草一样
要让他挂在房顶
整日无眠
终日疲倦
身体变差
日渐憔悴
尽管他依然可以厉声发令
但是他将连遭打击……

▲ 图为詹姆斯·斯图尔特,他是苏格兰国王詹姆斯六世,也是英格兰国王詹姆斯一世,该画由丹尼尔·迈滕斯在 1621 年创作

普通的一天

苏格兰刺巫者

1648 年到 1677 年，苏格兰衍生出一种职业——刺巫者，他们的工作内容是证明巫师有罪

在苏格兰有这么一种说法，巫师与恶魔勾结后，巫师身上会出现恶魔印记，标志着巫师抛弃了上帝与洗礼仪式，转而投靠恶魔撒旦。这些印记很容易辨别，如果将"刺针"扎进去，犯人既没有流血，也没有感到痛苦，则可以被认定为恶魔印记。1677 年开始，有人对他们的能力和权威产生了质疑，这也导致这个职业的影响力慢慢变小，声誉逐渐变差。

早起

虽然刺巫者可以在当地找到大量工作，但情况并非总是如此。有时候他们不得不长途跋涉去工作，这完全取决于他们的声誉可覆盖的区域以及谁需要帮助。有时也有特殊情况发生，一位苏格兰刺巫者就曾被传唤到纽卡斯尔边境，用针测试女巫嫌疑犯。

收集设备

刺巫者的主要工具是针。虽然经常被认为是一个厚刀片，但许多资料上将这种工具描绘成像针一样的东西，这意味着刺巫者使用了一种长而薄且锋利的工具。这种工具通常由黄铜制成，长 5—7 厘米，可自由伸缩，令嫌疑犯毫无察觉。

受贿

刺巫者通常在囚犯被关押的地方进行针刺，有可能是当地牢狱，或者是专门留出的空房间。嫌疑人有时会行贿以确保刺巫者不会在他们身上发现任何印记。另一方面，刺巫者也有可能受贿，然后判定行贿人员指定的人为罪犯。

▲ 在爱丁堡，女巫嫌疑犯会被关在老市政厅，等待刺巫者的召唤

据说,身上有恶魔印记的女巫将被判罪

针刺疑犯

在证人面前针刺,不仅可以满足大家的好奇心,还可以把事情放在明面上。这样可以减轻嫌疑犯的耻辱感。刺巫者将针插入身体的每一块印记,有一些嫌疑人甚至被剃光头,以确保身体每一个部位都可以被检查。针刺入的速度很快,有时一次开庭可完成对 30 名嫌疑人的针刺。

宣判

如果印记被刺后没有流血,并且嫌疑人感觉不到任何痛苦,就表明这个印记来自恶魔,并且疑犯很可能与撒旦勾结。如果发现一个或多个印记,那么疑犯将被定罪,面临监禁,或被处决。

收工资

刺巫者工资很高,一位名叫约翰·琴凯德的刺巫者在 1649 年针刺贝西·马斯后,所获报酬超过了 1 英镑,那时这些钱可以买 40 个面包卷。另外一名刺巫者在他针刺过的每个巫师被判处有罪后,都可以获得 20 先令的报酬。高工资也刺激了一些虚假行为的出现,刺巫行为被滥用。

避免批评

刺巫者在社会中的地位岌岌可危。很多人抱怨约翰·琴凯德的行为过度超越了他的职位,于是琴凯德在 1662 年遭到逮捕并被监禁。还有一位名叫乔治·凯西的刺巫者于 1650 年当庭被逮捕。这两件事,直接宣告了刺巫者生涯的结束。

念祷文

如果刺巫者很幸运,那么他们的住宿费和旅行费用都会报销。各地情况不同,有时刺巫者还有可能被邀请去和当地大臣和官员共进晚餐。然后就可以早点休息了,因为路途还很遥远,前面还有很多女巫等着他们的审判。

恐怖笼罩着的彭德尔山

在推行猎巫运动的国王统治时期,权力、迷信和家族世仇让风景怡人的彭德尔地区陷入一片混乱,成为人间炼狱。

当月光洒在彭德尔地区的森林中时,两个又老又丑的女巫嘴里默念着咒语,她们诅咒每一个人,没有人可以幸免于难。无论是敌是友,都对老德姆代克和查托克斯母亲产生了恐惧,他们担心被诅咒,不知道恐惧何时会烟消云散。

这就是整个中世纪女巫捕杀行动中最重要的彭德尔女巫案,有10个人被处决,这起事件因为法庭书记员托马斯·帕茨所写的《兰开夏郡女巫之奇妙探索》而名传后世。这本书在整个中世纪欧洲很重要,令很多人着迷,也令很多人恐惧。1612年,彭德尔女巫审判期间究竟发生了什么?又是什么导致了这场欧洲历史上女巫被处以绞刑数量最多的女巫审判?

伊丽莎白·索恩斯(外号"老德姆代克")和安妮·惠特尔(外号"查托克斯母亲")在彭德尔地区生活多年,现在都已是年迈体弱的老妪,她们懂得巫术和药草,每当村里有小孩或牲畜得病了,都会求助于她们,这也让她们在当地颇有名气。但是,她们非常害怕自己的巫术被限制,因为据说她们的力量来自和恶魔的勾结。她们可以用巫术做好事,而一旦有人惹怒了她们,她们就会用巫术来对付那些人,让他们受到致命的惩罚。女巫惠特尔很介意安妮·纳特的大笑,她觉得这位年轻人是在嘲笑自己,惠特尔发誓要与其算账,不久后安妮·纳特便得了重病,死了。同样,老德姆代克与理查德·鲍德温发生激烈争吵后,鲍德温的女儿

> 这两个女人也非常恐惧,据说,她们的能力来自与恶魔达成的条约。

▲ 在人们心里，彭德尔山永远与1612年的悲剧联系在一起

真相还是谎言？

尽管托马斯·帕茨在《兰开夏郡女巫之奇妙探索》一书中对1612年女巫审判有很多描写，这本书也成为探究这段历史的主要资料，但是人们真正了解到彭德尔女巫案件的所谓"真相"，实际上是通过描写老德姆代克、查托克斯以及她们家人的两个虚构但极富影响力的故事，分别为威廉·哈里森·安斯沃思写于19世纪的《兰开夏郡女巫》（The Lancashire Witches）以及罗伯特·尼尔的作品《迷雾笼罩下的彭德尔》（Mist Over Pendle）。

这两部小说制造了一些错误观点，比如爱丽丝·纳特是罗里·霍尔的贵族，彭德尔山是所有事件的核心地区，以及艾丽森·迪瓦斯实际上是爱丽丝·纳特的私生女等等。尽管这些细节可被轻易推翻，但这并没有影响两本小说的受欢迎程度，被几代人喜爱。安斯沃思的这部作品成为他一生所创作40部小说中唯一一部翻印至今的作品。

彭德尔审判是英格兰第一次成功地"证明"女巫夜半集会的存在。

第二年也去世了。老德姆代克被要求去治好约翰·纳特的奶牛，但是她并没有这样做，而是操纵巫术害死了这头牛。

一些穷困潦倒的女性，经常要靠乞讨度日，她们社会地位低，也许操纵巫术是可以让她们掌握自己命运为数不多的方式之一。她们的咒语和巫术只是从过时的天主教祷文中直接摘抄过来或者从新教国王不再允许的仪式中学习到的，这些都无关紧要。人们相信这些女巫有能力造福一方，也可能会制造祸端。但是，有一些事是巫术和声望无力抵御的。

1612年3月，老德姆代克18岁的孙女艾丽森·迪瓦斯偶遇了小贩约翰·劳。她问劳要一些大头针，但她身无分文，遭到了劳的拒绝。迪瓦斯很生气，于是对劳默念了咒语，令她没有想到的是，约翰·劳狠狠地从马背上摔了下来，几近崩溃，他靠着顽强的意志力一瘸一拐地爬到了最近的旅馆。约翰·劳的儿子亚伯拉罕·劳急忙赶来，他仔细听了父亲的遭遇后，认为父亲被施了巫术，决定去找迪瓦斯要个说法。

亚伯拉罕·劳很快就找到了艾丽森，然后把她带到了父亲的床边。面对自己所做的一切，艾丽森跪了下来，乞求劳的原谅，她承认了自己的所作所为，是她操纵巫术使劳受伤，她会对此负全责。事情并没有这样结束。亚伯拉罕·劳又找到了当地法官罗杰·诺埃尔，跟他说明了情况。诺埃尔热衷于猎巫运动，也希望根除地方恶瘤，其中就包括艾丽森家族，于是立即展开了对艾丽森的审讯。

不知是出于害怕还是因为毫无顾虑，艾丽森同以前一样详细交代了自己的罪行，回答了案件中的每一个细节。艾丽森说自己的祖母是一个女巫，并且两年前祖母德姆代克曾说服她学习巫术。她能做的就是任由恶魔祖母折磨，被逼下定决心，学习巫术。作为回报，艾丽森将拥有她想要的一切。审讯中，艾丽森揭露了祖母犯下的种种罪行，包括毒害约翰·纳特的奶牛，害死安妮·纳特以及将牛奶换成黄油。

艾丽森继续说，惠特尔比她的祖母更坏。德姆代克与惠特尔家族之间有过矛盾，艾丽森的父亲约翰·迪瓦斯十分惧怕惠特尔的巫术，所以他每年都会向惠特尔进贡以换取全家的安全。虽然每年的贡品不会少，他们一家人也可以处于相对太平的状态，但这只是一种虚假的安全感，因为有一年，迪瓦斯未能及时交足贡品，他开始变得日渐憔悴，最终死去。艾丽森确信父亲的死与惠特尔有关，惠特尔背信弃义，害死了父亲。除此之外，惠特尔还被怀疑给约翰·摩尔的一杯水下了咒语，并操纵巫术害死了摩尔的一个孩子，这一切都是惠特尔的报复行为，因为之前摩尔曾指控惠特尔操纵巫术害死了她的牛。艾丽森讲述了这一切是怎么做到的：惠特尔用土制成了一个小孩，将模型烧干，然后将模型打碎，这样就可以给小孩带来疾病，最终会导致死亡。惠特尔的朋友安妮·纳特不小心闯入了她的房间，恰巧看到了惠特尔在给小孩下咒，而且笑了出来，这让惠特尔很恼火，于是她用巫术将安妮处死了。

很有可能艾丽森被问到的问题都是为了让她说出一些关键信息，足以定她的家人和对手的罪。没有证据表明艾丽森受到了诱惑和威胁，但是艾丽森告诉了法官诺埃尔他想知道的一切。

同一天，艾丽森的哥哥詹姆斯也接受了诺埃尔的审讯，他确信祖母德姆代克的确是巫师，他不仅听到过从祖母房间里发出的一些奇怪声音，还在自己的床头边看到了一个黑色的怪物，这些遭遇把他吓坏了。据詹姆斯交代，艾丽森

▲ 彭德尔女巫审判中的许多细节都受到了欧洲大陆对巫术的影响，例如夜半集会和女巫帮，这些通常不会出现在英国的女巫审判中

操纵巫术陷害约翰·劳并不是她第一次施展巫术害人了，前年，艾丽森对一个名叫亨利·布洛克的小孩施巫术，使他陷入了麻烦。

艾丽森和哥哥的证词也使得他们的母亲伊丽莎白·迪瓦斯接受了审讯，伊丽莎白不仅表明自己有罪，而且还牵连了惠特尔和她的女儿安妮·雷德芬。当惠特尔被审讯时，她的证词也验证了其他人对她的指控，承认自己是女巫，是恶魔的手下。最后，老德姆代克、惠特尔、安妮·雷德芬和艾丽森全部被捕，关进了兰开斯特城堡。

一时间，这个消息引起轩然大波，两个家族都失去了家族当中的女家长、顶梁柱。碰巧，这件事发生之前两个家族已经商量好要在耶稣受难日当天在老德姆代克家中召开会议。会议原本要讨论的焦点问题是艾丽森可以通灵一事，但艾丽

> 儿童的证词常常出现在英格兰女巫审判中，这些证词成为他们父母判刑的依据。

决定性时刻
老德姆代克屈服，1598 年

多年来，老德姆代克抵挡了一切诱惑，她替女儿报复了理查德·鲍德温，因为这个人没有给她支付费用。大概同一时间，老德姆代克劝说朋友安妮·惠特尔成为一名女巫。惠特尔最初表示拒绝，但最后接受了恶魔蒂勃。从此，两个女巫诞生了。两个人开始与当地其他女巫争夺势力，两人的关系也开始恶化。

年表

1592
● 巫术开始

老德姆代克在外乞讨时遇到了一个叫蒂勃的恶魔。恶魔承诺，只要德姆代克将自己的灵魂卖给他，他将满足德姆代克的一切愿望，但遭到德姆代克的拒绝。她坚称自己什么都不想要。
1592 年

● 闯入迪瓦斯家

迪瓦斯家中丢了一些日用品和食物。后来，查托克斯的女儿贝茜似乎穿着迪瓦斯家丢失的衣物。迪瓦斯将这些东西拿了回来。
1601 年

● 迪瓦斯与查托克斯达成协议

约翰·迪瓦斯为了不和查托克斯发生冲突，同意每年向查托克斯进贡，共计 8 英镑，以换取全家人的安全。
1601 年

决定性时刻
法庭上的孩子
1612 年 8 月 18 日—19 日

9 岁的詹妮特·迪瓦斯出庭，与祖母、母亲、兄弟姐妹和邻居争辩。法官诺埃尔事先告知詹妮特如何去控诉，接着，我们看到了一场悲剧，詹妮特列出了家人的所有罪行，并指认出曾出现在马尔金塔会场的人。直至今日，还不知道小詹妮特为什么要这么做，但当她明白过来为时已晚。

1612
● 彭德尔女巫处决

死刑犯被处死，他们与英国历史上最臭名昭著的女巫审判一起写进了历史。后来，托马斯·帕茨写出了《兰开夏郡女巫之奇妙探索》，记录了这些事件。
1612 年 8 月 20 日

● 判决通过

其他嫌犯中，有 10 人因操纵巫术被判处绞刑。玛格丽特·皮尔森逃脱了绞索，然后被判无期徒刑，4 次受到公开批评。
1612 年 8 月 19 日

● 女巫审判

其余的嫌疑人在夏季兰开斯特巡回审判中接受审判，相互指认罪名。老德姆代克没有撑到上庭的那一天，她死在了大牢中。
1612 年 8 月 18 日

森如今被打入大牢，想要再讨论此事是不可能的了。于是这个会议就改变了主题，大家开始关注接下来的问题，即如何把关在监狱中的三人救出来。与会人员讨论后达成了一个令人胆战的计划，他们要把监狱炸了，杀了狱警，救出人犯。

法官诺埃尔很快就得知两个家族有过秘密集会。这正中诺埃尔下怀，诺埃尔随即对两个家族成员展开审查，并逮捕了多人，他们的会议也被认定为巫师的夜半集会，事态似乎在朝着悲惨的结局发展。面临着巨大压力，两个家族内部开始相互猜忌，失去信任，捏造是非，将一些莫须有的罪名安在对方头上。其中，老德姆代克和惠特尔两个家族被指控为女巫头目，拥有各种恶魔手下，可以命令恶魔满足他们的各种要求，并让惹他们生气的人吃尽苦头。被捕的人中还包括来自约克郡吉斯本的珍妮特·普雷斯顿，她参加了集会，想寻求帮助谋杀托马斯·利斯特，因为托马斯在巡回审判中曾以女巫罪审讯过她。爱丽丝·纳特也去了集会，她只是听到朋友被捕的消息后想拜访一下，不料却和其他人一样受到了指控，被当场抓获。

> 尽管后来有描写女巫审判的小说问世，但彭德尔山并未出现在老德姆代克和查托克斯的故事中。

- **约翰·迪瓦斯去世**
  约翰·迪瓦斯每年都虔诚地进贡，但有一年他未能及时进贡。于是，迪瓦斯患了重病，不久后死了，据说是查托克斯操纵巫术害死了他。
  日期不详

- **艾丽森·迪瓦斯遇到小贩**
  艾丽森遇到了约翰·劳，想从他那里得到几根大头针，但遭到拒绝，于是她小声抱怨了几句，不久，约翰·劳中风。
  1612年3月18日

- **艾丽森被指控**
  约翰·劳指责艾丽森让自己患病，她被送上法庭并接受审讯。这位小贩的儿子亚伯拉罕·劳向当地大法官罗杰·诺埃尔控告艾丽森。
  1612年3月21日至29日

决定性时刻
马尔金塔会面，耶稣受难日，1612年

几位嫌疑人的亲朋好友在老德姆代克家中碰面，一起商量应对方法，据说，他们计划用火药炸毁兰开斯特城堡，杀害狱警，然后营救囚犯。参加活动的人有珍妮特·普雷斯顿，她想报仇，因为她曾被托马斯·利斯特指控为女巫，此外，贵族爱丽丝·纳特也参加了这次活动。与会人员吃完詹姆斯·迪瓦斯偷来的羊后，就准备开始行动了，并约定一年后再见，不料，他们聚会的消息传到了法官诺诶尔耳中，他立即下令进行逮捕，使遇难人数增至12人。

- **珍妮特·普雷斯顿被处死**
  珍妮特在约克郡接受审讯，称她施魔法将托马斯·利斯特害死，珍妮特被判处绞刑，两天后执行。
  1612年7月27日至29日

- **犯罪嫌疑人被捕**
  在艾丽森和哥哥詹姆斯的证词面前，老德姆代克、查托克斯与女儿安妮·雷德芬以及艾丽森本人遭到逮捕，关押在兰开斯特城堡。
  1612年4月2日

- **艾丽森·迪瓦斯受到质疑**
  罗杰·诺诶尔将艾丽森带到家中进行讯问。她称自己的奶奶老德姆代克和老查托克斯都有罪。
  1612年3月30日

火药、叛国与阴谋

针对彭德尔女巫的一项指控是密谋炸毁兰开斯特城堡，然后去营救被囚禁的艾丽森、老德姆代克、查托克斯及其女儿。这引起了社会警觉，并有效阻止了盖伊·福克斯在国会大厦炸死英王詹姆斯一世的企图。这些指控有何真实性？詹姆斯一世和他的议员以及精英阶层都敏锐地觉察到了阴谋，极端的天主教徒和女巫则是这个时代的双重威胁。对这些嫌疑人的惩罚很大程度上满足了布罗姆利法官和奥特姆法官的要求，因为两位法官一直试图推敲国王的想法。帕茨在书中也写到了托马斯·克尼维特爵士，此人就是发现盖伊·福克斯企图炸毁国会大厦的人。

那么，嫌疑犯从哪里找到实施计划所必需的火药？参加马尔金塔会议的人本想进行激烈争辩，却不料被小詹妮特·迪瓦斯的一番话深深震惊。或者，小孩本来想着换取家人们的自由，却不料帮了倒忙。

▲ 盖伊·福克斯被捕：火药阴谋是否启发了女巫，抑或她们被诬陷了？

▲ 兰开斯特城堡：老德姆代克患上疾病，受到酷刑，最终死在了狱中，未能接受审判

> 迪瓦斯家族和查托克斯家族被视作女巫帮的头目。

整整四个月，关押在兰开斯特城堡中的女巫受到了非人的待遇，牢房的卫生条件极差，令她们生不如死。而年迈体弱的德姆代克无法承受这一切，在审判日之前，身染重病，死在了狱中。

8月18日，对女巫的审判在法官爱德华·布罗姆利爵士的主持下开始。被告被依次带入拥挤的法庭。法庭上声音嘈杂，也可能是因睡眠不足导致精疲力竭，头脑不清，被告无法准确地听到询问，并且不允许他们辩护，他们从一开始就面临着诸多不利因素。老德姆代克已经去世，她的女儿伊丽莎白·迪瓦斯被扣上了最恶毒女巫的帽子，将她的违法行为完全展示给了在场的所有人。如果这些责问可信的话，这些被告完全符合女巫的固有形象。年迈的惠特尔和伊丽莎白·迪瓦斯慌张地看着四周，詹姆斯·迪瓦斯身心俱疲，当他被召唤时，几乎无法站立或清楚地表达观点，在这种情况下，毫无疑问，他们一定是女巫或巫师。

大量恶魔协议、巫术图像、安息日和咒语的故事让法庭上的人群激动，每一个新的证据都进一步证明被告操纵巫术，并引起了宗教和社会动荡。法官为了确保得到理想的审讯结果，用年仅9岁的詹妮特·迪瓦斯做起了文章。如果说艾丽森的行为是他们所有人受到谴责的开始，那年轻的詹妮特将给他们带来难以逃脱的厄运。詹妮特个头很矮，只得站在桌子上喊出对她的家人和邻居的指控，因为她认出来那些人曾出现在马尔金塔。当詹妮特说出这一切后，她的母亲伊丽莎白·迪瓦斯崩溃了，因为她知道女儿的这一番言论会招致怎样的后果。据说，詹妮特对母亲突如其来的情绪崩溃感到困惑和极度不安，但伊丽莎白的反应也从侧面证明了她的确存在问题，当她被带走后，詹妮特选择继续做证。

▲ 500 年来，彭德尔山纪念着当年的女巫审判

最后，惠特尔、伊丽莎白·迪瓦斯和詹姆斯·迪瓦斯都被判操纵巫术致使他人死亡罪。惠特尔的女儿安妮·雷德芬的情况好一些，被判谋杀罗伯特·纳特的罪名不成立。之后几天，多人被作出有罪裁决，其中艾丽森·迪瓦斯、爱丽丝·纳特、简和约翰·布尔科克、凯瑟琳·休伊特和伊索贝尔·罗比被判处死刑。安妮·雷德芬虽然前几天幸免于难，但是因被指控谋杀克里斯托弗·纳特受审，最终和其他人一样被处以绞刑。

珍妮特·普雷斯顿回到了家乡约克郡，却不料再次因操纵巫术谋杀一位名叫托马斯·利斯特的老人而接受审讯，她被判有罪，在 7 月 29 日被执行了死刑。其他人都在 8 月 20 日当天被处死，彭德尔女巫审判也成为英格兰历史上最臭名昭著的一次审判。

尽管英国法律将严刑逼供视为违法行为，但詹姆斯·迪瓦斯仍然遭到了毒打。

▲ 爱丽丝·纳特纪念碑作为彭德尔女巫审判的见证，时刻提醒人们那场惨绝人寰的酷刑

白袍巫师

整个欧洲的村庄笼罩在一片恐惧中。一项针对巫师的新运动导致大量巫师死亡。

伊索贝尔·辛克莱尔承认自己曾在万圣节为了保护饲养的牛免受伤害去联系了精灵,这一举动也带给了她厄运。1633 年,伊索贝尔在接受审判后被处以绞刑。但是一个世纪之前,她这样的行为并不会受到任何处罚,甚至不会被人察觉。伊索贝尔只是选择了数个世纪以来人们常见的一种方式。白袍巫师,也常被人称为智者,从罗马时期开始就成为许多虔诚基督徒生活的一部分。他们可以帮村民治病,为他们提供一些建议或者保障他们的人身安全。但是在 16、17 世纪,基督教内部发生了一些变化,加上人们对于巫术的恐惧不断蔓延,使得白袍巫师与操纵暗黑法术的黑巫师之间的界限变得越发模糊。

在英国都铎王朝时期,巫术被广泛使用,大主教休·拉蒂默于 1552 年公开告诫"我们中的很多人都会在遇到困难、生病或

用尿液和头发制成药水,装进瓶子中,如果瓶子被埋藏或被烧毁,女巫将受尽折磨。

智者白袍巫师的家

17世纪英格兰，白袍巫师的治疗工具

智者在14世纪就出现了，但是到了17世纪，他们成为英格兰人民生活中重要的组成部分。据说，走在英格兰的大街上，人们会经常遇到操纵巫术的智者，即白袍巫师。这些白袍巫师懂得治病，所以每次暴发疾病，他们都会被叫去治病。可以使人们恋爱的巫术同样深受欢迎，年轻的女性十分好奇，她们想通过巫术得知自己另一半的身份。还有人想通过巫术找到小偷，找回丢失的财物。甚至有一些人利用巫术找到了不为人所知的秘密宝藏。虽然白袍巫师与巫师被认为是一回事，但实际上白袍巫师极力反对女巫，他们经常使用的一个技能就是辨认巫术，解救被害人。

白袍巫师与女巫不同，他们从来没有引起政府部门的关注，虽然一些白袍巫师寻宝藏的行为可以被判死罪，但从来没有判处过。但白袍巫师与女巫之间的界限有时又很模糊，使得人们很难区分两者。

重要的书籍
大部分白袍巫师在一定程度上接受过教育，他们的顾客希望他们有大量的魔法书，随时为顾客提供咨询。但实际上，并不能保证白袍巫师真正习得了书中的各类巫术。这些书通常由拉丁文编写，书中有大量图标和符号，包括数学类书和《圣经》一类的宗教书籍。

镜子和玻璃
成功的白袍巫师知道如何让顾客配合他们的工作，顾客可以指认出对他们施巫术的人。通常，白袍巫师会要求顾客对着镜子或玻璃说出看到的景象。如果顾客心中预先想好了目标，那么将会十分成功。

巫瓶
白袍巫师在辨认出巫术后，会给顾客提供巫瓶，这比直面女巫更加安全。巫瓶通常由粗陶器制成，里面盛放受害人的尿液、毛发和指甲，并且掺杂着针、荆棘和铁钉。巫瓶密封后，会被埋进土里或者高温加热，这样做是为了让女巫痛不欲生，逼迫她们解除对受害者的控制。

符咒
白袍巫师会念咒语，保护受害者，让他们避开危害。咒语通常会写在纸上，其中会有一些简短的教义，也会有比较详细的抗辩。这些符咒通常会被放在顾客指定的人身上，或者藏在指定者的家里。这些人很快就会被查到有犯罪行为。

《圣经》和钥匙
白袍巫师指认小偷或者其他行为不端者最普遍的一个方法：将嫌疑犯的名字写在纸上，然后放在钥匙末端。将钥匙放置在《圣经》打开的页面上（通常是第一节），然后大声读出这一节。如果《圣经》和钥匙转动方向，那么就说明名单上的疑犯犯罪了。

药草植物
白袍巫师有一个很重要的武器，那就是药草植物，他们在平时工作中会经常用到这些植物。当一些病人用药医治失败后，就会使用药草来治病，除此之外，圣约翰草、迷迭香、鼠尾草以及月桂还被用来对抗女巫。

长袍
许多白袍巫师都会有意无意地让自己的形象看起来符合所扮演的角色，据一些书中描述，这些巫师长相奇特，穿着怪异。一些略有名气的白袍巫师穿着印有奇怪标志的长袍，还有一些会戴着稀奇古怪的帽子和其他配饰。

薪酬
与传统巫师不同，白袍女巫经营着自己的事业，她们对于其他人的求助都会收取报酬，有可能是钱，也有可能是其他形式的报酬。一般的预言获得的报酬很少，但是像找寻盗贼这一类的请求就会有很多收益。

从事其他职业的迹象
大多数白袍女巫除了会操纵巫术，都会从事一些很普通的职业。但白袍女巫通过普通的职业很难养活自己，所以她们通过巫术来获得很高的报酬，而自己的本职工作只是为了保持体面。

我们从何得知？
关于记载16世纪以来白袍巫师的资料很多，而且有时会相互矛盾。雷金纳德·斯科特、约翰·梅尔顿和托马斯·库珀等评论家都分享了自己关于白袍巫师的观点，但是这些观点相互矛盾，并且充满了主观臆断。此外，一些法庭记录、报纸和抨击文章都或多或少留下了关于白袍巫师的描述，这些材料也是探究这个群体很有价值的资料。

筛子和剪刀
白袍巫师经常收到寻物的请求，有的寻找丢失的财物，但有的很过分，让他们寻找宝藏。筛子和剪刀是常见的工具。筛子水平地放在剪刀顶端，然后巫师开始询问，如果念到了小偷的名字，筛子就会旋转，指认罪犯。

> 16世纪后期，在埃塞克斯郡，实施巫术已成为仅次于盗窃的第二大罪行。

是丢东西后，四处寻求女巫、男巫以及白袍巫师的帮助……"。几乎欧洲大陆的每一个人都知道如何寻找女巫或白袍巫师来解决遭遇的难题。白袍巫师已经成为普通人生活中的一部分，人们对他们充满敬畏之心。那个时代，科学不能解释很多问题，而巫师们的智慧则成为了真理。

每个人理论上都可以成为巫师，但有些人认为自己天生就具备着特殊能力。据传，家族中第七代子孙可以治疗甲状腺肿大和淋巴结核，而且这种神奇的巫术可以由白袍巫师传给自己指定的继承人。每一个想要学习巫术或愿意尝试操纵巫术的人都有机会获得白袍巫师的名声。练习巫术的人很多，1605年法国鲁昂的各项罪名显示，有牧羊人、药剂师和大量体力劳动者被判处操纵巫术罪。白袍巫师来自各行各业，他们常常居住在城市中心。

咒语是否应验往往不是最重要的。一旦有人成为白袍巫师，那么他们每天都会面对很多人的咨询。通常，人们成为白袍巫师是为了声望，并非为了赚大钱。许多白袍巫师收取的费用很低，他们试图将价格降低，从竞争对手手中抢夺生意。即使他们使用巫术去做好事，也会引来别人的怀疑，他们坚持收取很低的费用，以免被指控诈骗，骗穷人钱财。安·杰弗瑞斯在康沃尔郡工作，是一位年轻用人，她在1645年生了一场重病，但是后来奇迹般地康复了，据她说，在她重病的日子里，有一些精灵曾看望过她。不久后，杰弗瑞斯拥有了轻触他人就可以治病的能力，虽然小有名气，但她拒绝收取任何费用。

杰弗瑞斯的技能受到人们追捧，也在情理之中。很多人咨询白袍巫师，希望他们可以治疗受伤的人和动物。白袍巫师通过念咒语以及施展巫术，暂时填补了当时药材不足的窘况。常见的做法包括对患者喃喃自语或写下一些潦草的咒语。这些咒语通常来自古老的拉丁语短语，大部分客户都是文盲，他们看不懂咒语。有的咒语也包含着祈祷。通过触摸他人来治病在整个欧洲很流行，此外还有一些药草也有治疗功效。这段时期，白袍巫师的治疗方法已经开始接近传统医学，也开始运用一些植物学原理来治病，但是白袍巫师总会将他们的成功归因于巫术。只要有一丝希望，巫师们就会尽力参与到治疗中去。

巫师同样也会被要求协助破案，比如追回丢失的物品。有时，巫师通过玻璃或镜子向客户展示罪犯的形象或使用水晶球来识别罪犯的身份。通常，当地白袍巫师被咨询最多的就是通过他们的能力来逼小偷归还盗窃的物品。此外，也有一

白袍巫师的话在当地很有分量，他们的影响力来自别人的恐惧。

为什么巫师总是女性？

女巫总是以一种又老又丑的形象示人，甚至现在童话书中的女巫也是这种形象。据法院登记在案的数据显示，整个欧洲，尽管白袍巫师多为男性，但大多数接受审判的巫师为女性。随着教会想要消灭一切形式的异教，女性成为了猎巫运动的重点对象。

从15世纪开始，人们普遍认为女性更容易受到魔法的诱惑，将她们视为一群私欲旺盛且愚蠢至极的人。

后来的改革者也持同样的看法。马丁·路德认为，女性很脆弱，很容易受到魔法影响。在16、17世纪，巫师几乎都是女性，即使有男巫师，也会被认为受到了女巫蛊惑。当猎巫风潮过后，法庭不再审理巫术案件，当地社区记载的智者既有女性，也有男性。

白袍巫师有各种名字，比如巫师、祝福巫师、附魔者和魔咒者。

些请求是帮一些罪犯免受牢狱之灾。白袍巫师的话在当地很有分量，他们的影响力来自别人的恐惧。毕竟，他们因强大的巫术出名，许多人相信他们可以治疗疾病，也可以预知未来。没有人想被这些巫术折磨。

也有很多人咨询白袍巫师，如何实现一段婚姻或者让即将枯萎的恋情重新焕发生机。白袍巫师也经常会被咨询一些关于怀孕、分娩以及坐月子的信息。据说，白袍巫师还可以察觉到图谋不轨的巫师。那时，一旦得病就会被认定遭受了巫术，需要寻求帮助查出是谁让他们遭此不幸。白袍巫师很少会直接说出嫌疑犯的名字，他们往往会提供一些线索，然后引诱罪犯前往受害者的住所，或者他们会告诉咨询者何时会与罪犯相遇。但是在 16 世纪末到 17 世纪初的这段时间，白袍巫师的被捕概率变得越来越大。

从 15 世纪开始，人们对于各类魔法的态度发生了很大变化。早期基督教将魔法和巫术称为一种幻觉，一种骗人的把戏。但是到了 15 世纪中期，牧师再一次盯上了巫术。亨利·克雷莫是德国的一位牧师，他将巫术视作社会的威胁，并且认为会扰乱教堂会众的灵魂。1487 年，克雷莫编写的《女巫之锤》出版，书中明确指出巫术是真实存在的一种异端。书中的观点影响了之后近 3 个世纪人们对于巫师的态度。克雷莫想追捕所有的巫师，然后对他们严刑逼供，处死这些人。操纵巫术迫害他人的巫师已经遭到了逮捕。但是此时，欧洲大陆慢慢接受了一个观点：所有的巫师都是邪恶的存在。巫师的能力受到质疑，他们被视作恶魔的代理人，经常参与一些可怕的仪式，巫师与恶魔狼狈为奸，祸乱人间。

几十年间，德国南部的牧师进行了多次大

女巫被视为恶魔的手下，与恶魔勾结。

规模猎杀巫师的行动，随后这一运动在其他各国展开。在特里尔，大主教约翰七世冯·肖恩伯格对巫师进行了迫害，除了两个村子的两户人家外，其余村民都被认定为巫师，惨遭杀害。在法国洛林，法官尼古拉斯·雷米声称自己在10年间将900名女巫判处死刑。法庭记录显示有很多被告最初被怀疑，是因为他们实施了此前被认为是日常魔法的行为。很多人也许受到了胁迫或出于恐惧，承认自己操纵过黑巫术。有时候，这些承认自己是女巫的人会责备其他人，拉其他人下水。1582年，厄休拉·坎普在埃塞克斯郡的圣奥西斯被捕，她承认自己操纵巫术杀害了一个小孩以及自己的嫂子。之后，她指控其他人操纵巫术，导致大量人被判处死刑。

整个欧洲大陆掀起了对女巫的讨伐热潮。有一些只由白袍巫师从事的职业，比如助产师，此时都成为了被迫害的对象，尤其是女巫用儿童的脂肪制作飞行软膏的说法出现后，更引起了人们的强烈愤慨。1669年，在德国奥格斯堡，67岁的助产师安娜被指控用热汤杀害了一个年轻母亲，然后被处以绞刑。在英格兰，大量女巫猎手开始出现，这些自封的"法官"会收取一定费用，造访不同的城镇，将女巫疑犯一网打尽，然后移交法院。

据说，席卷欧洲16、17世纪的猎巫运动造成至少4万人死亡。有大量嫌犯在等待审判期间死在了监狱里，还有一些人因为恐惧选择了自杀。到了18世纪，巫术开始不再被认定为是一种犯罪行为。但是启蒙运动也意味着那些让白袍巫师陷入困境的巫术失去了昔日的影响力。那些关于老妇人的故事和传说依然存在，但她们只是历史的匆匆过客。

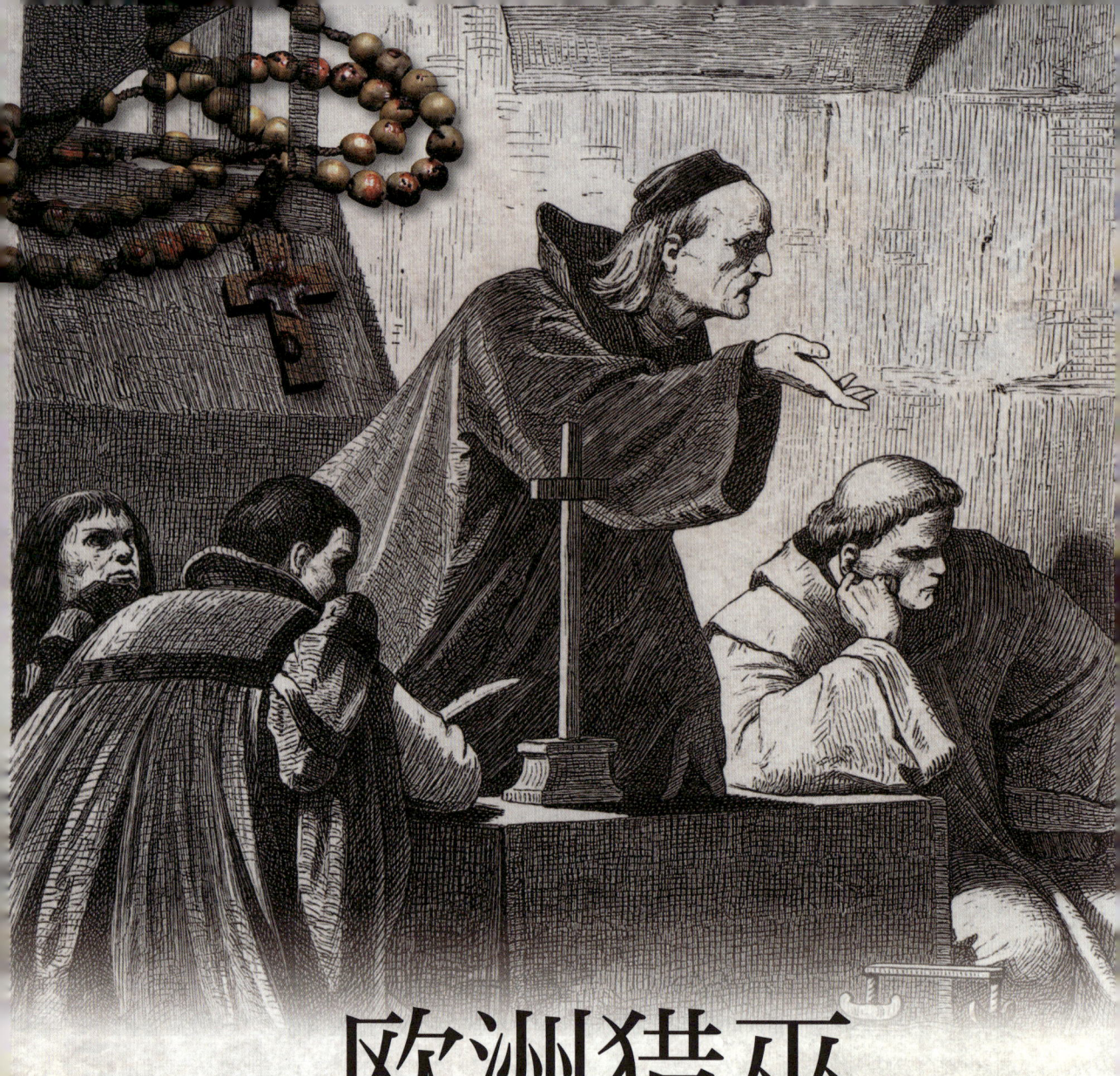

欧洲猎巫
运动的中心

　　文艺复兴被看作欧洲艺术与科学的全盛时期。这一时期诞生了很多著名的艺术家、科学家和思想家，比如米开朗琪罗、艾萨克·牛顿和勒内·笛卡尔，他们在各自领域的探索激发了人们的想象力与创造力。但是在发展过程中，也出现了像炼金术这样的伪科学，且得到了很多人的追捧。这一时期人们的思想得到空前解放，似乎很难与大量猎巫运动联系起来，其中很多发生在神圣罗马帝国。不断发生的战争、饥荒以及宗教与社会的动乱滋生了民众的相互猜忌与过激行为。人们试图用超自然现象来应对众多的灾难，缓解心中的恐慌。巫术和巫师正好符合人们对于"亵渎神明，与恶魔狼狈为奸"的评判标准，于是，顺理成章地成了这一特殊时期的牺牲品。

猎巫运动从15世纪80年代开始，持续了两个世纪，上万人被处决，其中绝大部分为老妇人。这些人被指控操纵巫术，骑在恶魔背上前往夜晚的女巫集会，做出了各种伤天害理的坏事。在神圣罗马帝国时期，教堂和政府几乎没有很明显的区分，因为许多公国是由一些王子主教管理的，而教堂中的牧师也同样有着政治权力。

欧洲为何从对艺术、科学和批判性思考的复兴中突然转向暴力、杀戮，并引起了民众的愤慨？

这一切始于欧洲大陆社会与经济结构的变化。到了15世纪，在欧洲大陆延续了近几个世纪的生活方式开始发生变化。以前组织严密的社群聚在一起工作的目的是获得生存资源，而现在有些社群有了一定的社会地位，因为一部分成员开始获得巨大的财富。城市的发展，使得一些农民被迫搬离了原来的村庄，转移到了一些较大的城市，与他们一起搬离的还有他们自身的信仰和阶层特性。贫困也是促成猎巫运动的一个重要原因，乞丐首先成为人们重点指控的目标，因为乞

> 据称，炼金术可以将铁块变成黄金，并找到所有病的治疗方法。

丐是社会的边缘人物，是一群与富裕生活方式格格不入、不受欢迎的人。16世纪的恶名全都瞄向了又穷又老的人群，这也导致猎巫运动中大部分的受害者为年龄偏大的女性。甚至到了现在，当谈起女巫时，人们脑海中都会浮现出一个驼背的老妇人形象。

对女巫、犹太人和其他社会边缘人物的迫害实际是统治者巩固统治地位的一种方式。宗教与政治之间相互勾结使得他们可以光明正大地利用宗教与法律，随心所欲地惩罚农民。对这些罪犯的处决可以达到两个目的，一是让这些罪犯公开承认自己的罪行，二是可以让一些罪犯重新回归社会，这样就会使这一部分人从内心感谢政府。

新教改革是欧洲历史上一个里程碑式的事件，也让猎巫运动发展到了一个小高峰。一直以来，人们有着统一的信仰，这让他们感到很安全，但是宗教改革改变了长期以来的局面，使众多教徒的信仰一夜之间破灭。之前只有一个主要的宗教教义，但是现在几十种教义并存。可以想象人们对于这一变化的恐惧与焦虑，每一个人都有了不同的意见，这相对于之前的宗教环境，发生了翻天覆地的变化。

新的宗教分裂带来了欧洲历史上最大规模的冲突之一，即三十年战争，天主教与新教间爆发了一连串残忍的流血事件，导致神圣罗马帝国失

▲ 图中为1533年发生在德国席尔塔的一起女巫审判，女巫被处以火刑

经济和宗教环境定下了女巫审判的基调。

认定黑魔法和巫术是对基督教生活方式的一种威胁，而神圣罗马帝国的统治者则正好可以利用群众的失控情绪来巩固统治地位并压制对手。

去了大部分地区。一系列的变化和灾难让人们充满了恐惧与愤怒，人们的情绪急需调整，而巫师，尤其是女巫成为了合适的替罪羊。欧洲大陆常年处于战乱，大量男性死于战场，导致男性人数急速下降，也使得老年男女比例失调。女性通常也生活在社会的边缘，她们经常因为从事一些特殊的工作而遭到质疑。对于门外汉来说，助产师催生或使用草药治病是一种操纵黑巫术的行为，会造成社会动荡。

经济和宗教环境奠定了女巫审判的基调，但对她们的指控还未出现。人们认为，女巫听命于恶魔撒旦，这种恐怖情绪也促成了猎巫运动手册——《女巫之锤》的出版。这部著作在神圣罗马帝国十分流行，猎巫者参考这部书来识别黑巫术，并惩罚那些操纵巫术的巫师。教会已经

▲ 女性通常被卷入操纵巫术的犯罪事件中，受尽煎熬

月光下的号叫

如果女巫还不足以让农场主们闻风丧胆,那么狼人出没则完全可以让所有人精神紧绷。自15世纪以来,"变狼狂"和其他巫术一样,已成为欧洲越来越普遍的一项指控,第一例可找到的案件出现在1521年的法国。巫术和狼经常被同时提及,谣言称巫师可以将自己变成狼然后吃了受害者。与女巫审判相比,对这些所谓狼人的指控更显得缺乏证据,但是人们内心的恐惧和多疑使得这种无稽之谈也可以成立。

在神圣罗马帝国中最著名的案件是关于彼得·斯坦普的,他被称为"贝德堡的狼人"。彼得是一位寡居的富裕农民,在村子里备受推崇,但是有一段时间,村里的牛开始无缘无故地死去,很多小孩失踪。彼得在受到酷刑后供认了自己操纵易形术谋杀儿童和孕妇的行为。他说自己的魔力来自12岁时恶魔撒旦送给他的一条腰带,并将他变身为"一头如饥似渴的狼,眼睛在黑夜中像火一样闪闪发亮,拥有最尖锐而又恶毒的牙齿以及最锋利的爪子"。

尽管对彼得的罪名仍有疑问,但依然对他进行了处决。

> **很少有人愿意承认自己使用巫术。**

一连串的混乱

多疑与迫害充斥着神圣罗马帝国的每个角落

班贝格女巫审判
班贝格（1609年—1631年）

指控 超过1000人
定罪 900人
处决 大约900人

　　班贝格市的女巫审判得到了市长的大力支持。在1609年至1622年，王子主教约翰·戈特弗里德·冯·阿施豪森执政，他和前辈们更加注重与新教教徒的战斗，而不是与女巫战斗。粮食歉收加剧了民众的不满情绪，并且在对占卜者和巫师颁布法令之后，猎巫运动规模开始变大，从之前的6名受害者增加到了300人左右。1623年，女巫猎人约翰·乔治·福克斯·冯·多尔恩海姆成为王子主教，连年的粮食歉收造成了多起女巫审判。多尔恩海姆下令建造一所专门用于关押和拷打女巫的监狱。

　　被指控的女巫来自社会各个阶层和各行各业。其中一些是敌对统治家族的成员，而屠夫、面包师和酿酒师等也被指控。在公众的想象中，通过巫术对物品进行下毒是轻而易举的事情，因此这些交易行为值得怀疑。像往常一样，下层阶级中像工人、渔夫和仆人等干粗活的人也被指控参与了巫师的夜半集会。被指控者将被没收财产，统治者可以在审讯过程中获得一大笔财富。普通民众也开始意识到，任何人都可以被指控。随着人们越来越看重利益和关注个人，对他人迫害的欲望也逐渐减弱。

　　瑞典军队抵达班贝格市后关闭了监狱，才真正促使女巫脱离苦海，这些女巫还被迫发誓要对经受的严刑拷打闭口不谈。

莱姆戈
利珀县（1628年—1637年）

指控 110人
定罪 84人
处决 84人

维尔茨堡女巫审判
维尔茨堡（1626年—1631年）

指控 大约1000人
定罪 大约900人
处决 大约900人

　　17世纪初，神圣罗马帝国掀起了猎杀女巫的热潮，维尔茨堡女巫审判是最血腥的一次。和神圣罗马帝国内进行的许多猎巫运动一样，维尔茨堡的审判是在王子主教菲利普·阿道夫·冯·埃伦贝格的命令下进行的，这位王子主教对审判很感兴趣。在他令人毛骨悚然的审判记录中甚至包括自己的侄子，此外还有19位天主教神父和一个7岁的孩子。这次审判涉及社会各个阶层，而不仅仅针对穷人。维尔茨堡王子主教的大臣给他的朋友写过一封信，信中详细介绍了更多更令人震惊的案件："总结这个悲惨事件，有300人被认定为与魔鬼发生过关系。我看到有7岁、10岁、12岁、14岁和15岁的孩子被处死。"

　　虽然大量女巫被判处火刑，但通常首选是将受害者斩首，以避免让他们受到烈火灼烧的痛苦。当战争到达维尔茨堡，在瑞典人古斯塔夫·阿道夫斯的领导下，停止了对于女巫的迫害和审判。

巴登
巴登（1627年—1632年）

指控 244 人
定罪 231 人
处决 231 人

特里尔女巫审判
特里尔（1581年—1593年）

指控 大约 800 人
定罪 大约 600 人
处决 368—1000 人

特里尔女巫审判直到1587年才到达城市，在这之前许多猎巫活动都是在城镇周围的乡村地区进行的。值得注意的是，特里尔女巫审判不仅是帝国境内最大的猎巫活动之一，而且还造成了当地女性人口数量锐减，甚至有两个村庄全村只存活下来一名女性。

女巫审判的幕后推手是选帝侯约翰·冯·舍能伯格，他是一位耶稣会的狂热信徒。为了证明他对于耶稣会的忠诚和奉献，他精心挑出了一些对社会有害的团体，主要包括新教教徒、犹太人和女巫。当时流传着一个口号："国家崛起，消灭女巫。"人们对严厉的司法制度越发不满，而统治阶层和相关行业从业者（公证人、抄写员和酒馆老板等）却在贸易和没收商品中变得富裕起来。大学校长迪特里希·弗拉德反对杀害女巫。人们开始怀疑通过酷刑得到的证词是否可信，迪特里希十分同情这些被指控的人。这与大主教的做法不同，大主教曾想尽办法折磨反对者，最后再以巫师的罪名对其处以火刑，这对任何公开反对权威的人来说都十分有震慑力。

图林根女巫审判
图林根（1590年—1604年）

指控 大约 1500 人
定罪 大约 500 人
处决 500 人

富尔达女巫审判
富尔达（1603年—1606年）

指控 大约 250 人
定罪 大约 250 人
处决 大约 250 人

尽管在富尔达的女巫审判只持续了3年，但审判的残忍程度不亚于其他地区。1602年，流亡了20年的巴尔塔萨·冯·德恩巴赫回到富尔达担任采邑隐修院院长。巴尔塔萨是一位不折不扣的天主教教徒，曾接受过非常严厉的宗教教育，因在反改革中无情地迫害新教教徒而被放逐。他恢复执政后继续进行政治清洗，并于1603年开始着手调查女巫和巫术，想让富尔达地区的所有人重新信奉天主教。

富尔达女巫审判中最著名的案件是对梅尔加·比恩的审判。梅尔加两次丧偶，与第三任丈夫孕有一子，她在富尔达第一次猎巫运动中不幸被捕。她的家人对此表示抗议，但她不堪忍受酷刑，被迫承认孩子是她与魔鬼的，因为她与现任丈夫一起生活14年都没有孩子。此外，她还被要求承认亲手杀了第二任丈夫，因为这样她将继承第二任丈夫的全部遗产，从丈夫的死亡中获得大量钱财。尽管家人否认这些指控，坚持认为梅尔加是清白的，但不幸的是，她和未出生的婴儿都被活活烧死在火刑柱上。1606年，巴尔塔萨死后，荒谬的女巫审判也宣告结束。

斯瓦比亚女巫审判
斯瓦比亚（1492年—1711年）

指控 大约 600 人
定罪 528 人
处决 406 人

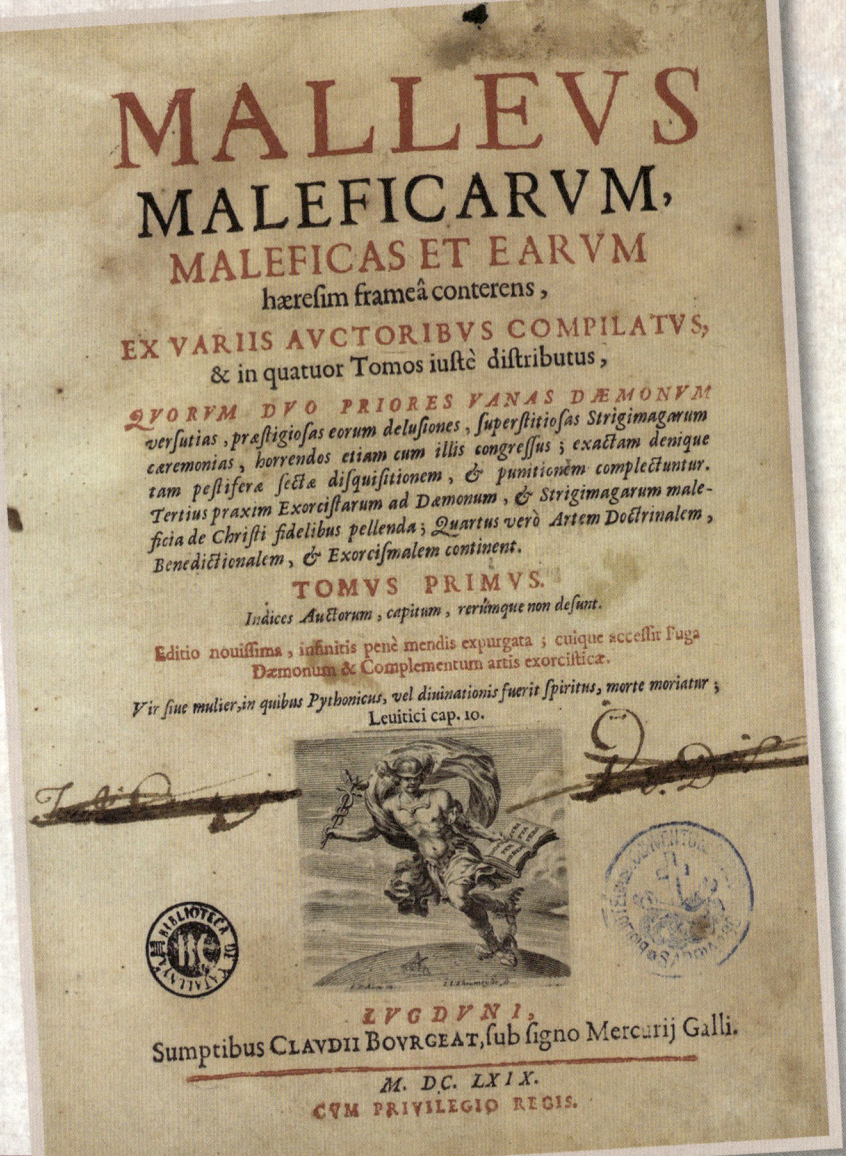

《女巫之锤》

《女巫之锤》一书试图提供找出女巫的方法，然后将这群人处死

  1484 年，罗马天主教教皇英诺森八世发布诏书《最高的希望》，公开承认了巫术迷信存在，这为猎巫手册《女巫之锤》的出版提供了条件。在意大利和德国之间的山区上居住着长期受到庇护的社区，教堂派遣了两名教会成员前去调查有关秘密崇拜农耕邪教的异教团体。这两个人分别是雅各布·史宾格和海利奇·克拉马。当他们调查之后，开始了《女巫之锤》的创作。

  书中内容主要分为三个部分。首先，书中说明了如何识别女巫，然后如何以法律手段处置这些女巫，最后说明了如何保护自己免受巫术伤害。可以将这本书视为中世纪后期对妇女仇恨的精神分析研究。尽管对于女巫的讨论已有多年，但这本书的出版将这一问题变成一个公开话题，在更大范围内被讨论。男性能力不足给社会稳定带来的威胁是该书创作的一个原因，这本书凸显了男性的恐惧，并解释了毫无人道的审判与处决背后的狂热动机。

我是巫师，所以我的妻子也是巫师

并非所有的巫师都是女性

尽管大多数被审判和处决的巫师是女性，但男性也可能会受到猎巫者的摆布。在被告中，只有不到1/4的人是男性。神圣罗马帝国的一名男性曾不幸被指控操纵巫术，但是他比女性同伴有更大的概率逃避处决。被指控的妇女中有74%的人被处决，但遭此厄运的男性比例只有64%，此外，男性在被捕时也享有更好的待遇。《女巫之锤》是猎巫者武器库中最常见的工具，它直接将巫术的责任推给了女性。

尽管男性享有更好的待遇，但审判可能像以往一样恶毒，比如"巫师杰克审判"，就有多名男性被处决。从1678年至1680年，有150人被捕，其中大多数是男性乞讨者，他们之所以被捕是因为追随了巫师杰克，这个传奇人物从未被俘获，但却获得了神话般的地位，据传他教导年轻乞丐对那些不支持乞讨行为的人使用巫术。巫师杰克的传说流传很广，甚至到了18世纪，在审判中也常被引用。

《女巫的安息日》
小弗朗斯·弗兰肯，1610 年

　　小弗朗斯·弗兰肯在 1606 年至 1610 年创作了多幅名为《女巫的安息日》（The Witches' Sabbath）的画作。这种独特的巫术题材作品脱颖而出，受到人们喜爱，因为画中的场景发生在室内而不是在树林或田野。从这也可以看出巫术的影响逐渐扩展到城镇和城市地区。画中描绘了许多年轻女性，其中一些女性穿着华丽的服饰，而另外一些女性被女巫扒光衣服正在身上涂抹药膏，其余的人在参加仪式。周围都是与巫术有关的物体：魔法阵、黑猫、大锅、蟾蜍以及其他物品。

猎巫者：
马修·霍普金斯

17世纪，马修·霍普金斯自封为"猎巫将军"，热衷于惩罚一些他认为操纵巫术的人。

猎巫者的工作年限虽短，却充满着血腥与暴力，从侧面证明了17世纪40年代的英格兰是一个充满了残酷和迷信的地方，女巫经常出现在人们的生活中。每个时期，都会有一些煽动者发表各种言论，试图引起社会恐慌，这时人们就会把矛头指向特定人群，让他们为社会的各种问题负责，这些人往往成为牺牲品。

霍普金斯（约1620年—1647年）出生在萨福克郡的大温汉姆，他的父亲是一位清教牧师。霍普金斯从小接触法律，这让他可以有理有据地对案件进行辩护，同时也对反巫师法条有了更深的理解。1644年，他在埃塞克斯郡的曼宁特里生活。在这里，他遇到了比他年长10岁的约翰·斯蒂恩。斯蒂恩是当地有名的地主，他们之间合作的动力来自年长的斯蒂恩。当然，在霍普金斯去世后，斯蒂恩在辩护书中强烈谴责了巫术，"到最后，我可能会满足那些希望得到进一步满足的人的需求"（《女巫的证实与发现》）。我们可以看到，有许多人质疑猎巫者的依据和动机，但强烈主张巫术是最无耻下流的一种罪名。

> 霍普金斯对于女巫的审判方式受到了国王詹姆斯六世《恶魔学》的启发。

如果将斯蒂恩比作宇宙中遥远的宗动天，存在感很低，那么霍普金斯则是猎巫运动的形象代表。他变得越来越有名气，我们可以想象他已经成为人们心中一个极具魅力的年轻人，风度翩翩，口若悬河，善于演讲与辩论。在为自己辩护而写的小册子中，他声称自己没有故意去揭露女巫，但是在1644年，他注意到女巫每隔6个星期就会在自己的住所附近召开会议。当地执法官对集会的一名参与者进行了调查，霍普金斯成为审讯的证人之一。这位受害人被剥夺了睡觉权利，被迫召唤出了她的"密友"。结果，出现了5只长相奇特、形如动物的生物，其中一只的体型如灰狗，却长着牛头。当霍普金斯喝斥它回到地狱时，它变成了4岁大的孩子，但是没有头，一下冲进了房子，然后在门口消失了。这位受害者供出了其他参与女巫集会的同伙。结果，有29人受到审判并被判处死刑。霍普金斯声称，在曼宁特里被绞死的4个人曾召唤魔鬼袭击过他。当这些消息传开时，霍普金斯能够一举成名，也就不足为奇了，甚至整个东安格利亚的政府部门都开始寻求他的帮助。

> 据称，1644年至1646年，霍普金斯使300多名女性丧命。

马修·霍普金斯大事年表

揭开英国最知名的猎巫者的生平

从地狱来的邻居

霍普金斯于1644年搬至曼宁特里，那是埃塞克斯的一个小镇。在那里，人们对女巫的猜疑和紧张情绪高涨。没过多久，他就把矛头指向了当地的一位居民——年迈而又身有残疾的妇人伊丽莎白·克拉克。霍普金斯指责其为女巫，致使她在切姆斯福德被处以绞刑。（1644年）

兰开斯特女巫审判

1633年，10岁的埃德蒙·罗宾逊指控詹妮特·迪瓦斯使用巫术。该案件提交到了枢密院和国王的医生手中。虽然案件被撤销，但未成年人在巫术案件中提供证据已被人们所接受。（1633年4月）

17世纪20年代 早年生活

当前对霍普金斯早年生活的记录很少，我们仅知道他出生于萨福克郡的温汉姆，是牧师詹姆斯·霍普金斯的儿子。家中一共6个孩子。

女巫恐慌的开始

于是，霍普金斯开始抓捕更多的女巫。1645年7月，36人在埃塞克斯受审。19人被处决，9人死于监狱中，1人因成为同案被告的证人而免受罪责。接着，埃塞克斯出现了近500起女巫起诉案。（1645年）

内战期间的司法

内战期间，司法系统的性质发生了变化。法院暂停审判，由具有有限法律背景或无法律背景的治安法官负责审理案件。（17世纪40年代）

《发现女巫》

霍普金斯1647年出版了《发现女巫》一书，为如何追踪女巫提供了说明。这本书深受人们喜爱，甚至远销新英格兰。（1647年）

影响海外

在新英格兰的清教徒殖民地，移民们模仿着霍普金斯追踪女巫的技术。艾尔斯·杨仅因为使用草药治疗，就被人们怀疑为女巫，导致其在康涅狄格州哈特福德的会所广场被处决。（1647年）

决定性时刻
内战迫在眉睫，1642 年

1642 年，国王拒绝让出自己的任何权力，议会与国王之间的政治态势和社会局势越发紧张，最终爆发战争。这一事件也影响了霍普金斯。

● **霍普金斯之死**
霍普金斯因患肺结核在曼宁特里去世，于 1647 年 8 月 12 日埋葬。（1647）

17 世纪 50 年代

● **播下不满的种子**
在英国国王查理一世被处决后，英国由议会和奥利弗·克伦威尔共同把持，宣布成立共和国。巫术审判在英国开始衰落，但在大洋彼岸，美国对巫术却越发狂热。而在新英格兰，臭名昭著的萨勒姆女巫审判还在继续。

▲ 1682年，最后一名女巫被处以绞刑

我们该怎样看待这件怪事？是大家出现了集体幻觉吗？霍普金斯和同伙上演这出"大戏"的原因只有他们自己知道吗？人们是否被一些诡计给欺骗了，比如虚假的招魂术？

霍普金斯参与巫师审判之前，巫师审判数量一直在下降，虽然在霍普金斯开展行动之初有所增加，但在这之后数量再次减少。此外，猎巫者经常遭到抵制。霍普金斯和斯蒂恩的猎巫行动已经与社会发展出现了矛盾。两个人对于人们在猎巫行动中变得"越发消极"表示极度愤慨。尤其是斯蒂恩，他对于此事极度不满。

"女巫崇拜恶魔，她们向恶魔祈求，渴望得到帮助，为他们工作，向他们致敬，向他们献

怀疑

虽然人们普遍相信各种魔法的存在，甚至将魔法视为民间宗教的一部分，但是在17世纪，仍有一小群人对巫术的存在表示怀疑，并谴责那些对巫术嫌犯施加暴行的行为。早在1584年，雷金纳德·斯科特就曾出版《巫术的真相》，否认了巫术的存在，而该书也在霍普金斯死后再次复印发行。

与霍普金斯发生过正面冲突并写书质疑他的人名叫约翰·高卢（约1603年—1687年），一位亨廷顿郡清教牧师。高卢采访了一名拘押在圣尼奥特，等待接受霍普金斯调查的女性，他向当地国会议员表达了自己的疑虑，并在《女巫和巫术精选案例》一书中详细地解释了自己的疑问。他还到处宣讲，谴责猎巫者。这给诺福克郡巡回法院的法官提出了严肃的问题，并且导致霍普金斯和斯蒂恩受到更多人的反对。高卢并没有否认巫术的存在，但他却对痴迷巫术的人极其苛刻。高卢宣称：

"……那些痴迷巫术的人认为女巫不仅真实存在，而且存在于每个地方……但凡有一个老妇人满脸皱纹，或皱着眉头、嘴上长着毛、牙齿不齐、斜眼，再或者偶尔发出吱吱声、嘴里骂骂咧咧……都会被怀疑，会被判定为女巫。每一种新病、重大事故、自然奇观、艺术珍品，奇怪行为或仅仅是上帝的惩罚，在他们眼中都不是其他原因导致的，而是操纵巫术的行为……足以派遣女巫搜寻者（此前，在英国从来没出现过的一种职业）……他们的'赚钱'技能……远比我们外人看到的高深得多。"

1682年最后一宗女巫审判结束后，人们开始逐渐寻求理性。

祭……女巫是最狂热的偶像崇拜者，难道她们不应该死吗？"斯蒂恩解释道，女巫会给社会带来潜在影响，他觉得有必要质问反对者，但反对者们坚持认为：

"压根没有女巫，只有许多贫穷和愚昧无知的人被错误地吊死，并且……有很多人被他人利用……后来才发现所谓的女巫罪名只是为了达成猎巫者不可告人的目的，诸如谋取钱财……"

同样，霍普金斯也觉得有必要为自己辩护。在他去世后公布于众的辩护书中，他明确回应了那些抨击他从事猎巫运动只是为了赚钱的指控。他称自己受到邀请在教区里摆摊，每次咨询只收取20先令（大约相当于一个农民半年的收入），这些钱几乎不足以维持他的团队和3匹马的开支。

在1644年年中至1647年夏季，宗教裁判所经常见到一支人数不多的队伍，他们在整个东安格利亚以及周围的贝德福德郡和北安普顿郡的各个城镇活动。除了审问者之外，还有一群女性随斯蒂恩与霍普金斯的车队一起来检查被捕女巫的身体，寻找"恶魔的印记"。

英格兰和欧洲其他国家进行女巫审判的理由

> 霍普金斯任命约翰·斯蒂恩为助手，斯蒂恩成为了一名女巫测试官。

> 霍普金斯的书在美国殖民地的女巫审判中有着很大的影响力。

一直不同。1604年以前的立法主要围绕《恶魔学》一书来编写，对巫术犯罪的判定，需要证明操纵巫术的人切实对他人造成了伤害。而《1604年法案》中将"以任何意图或目的来咨询、缔约、款待、利用、满足或酬谢任何恶魔的行为"都定为犯罪，这也让英格兰与欧洲大陆在处理女巫问题上达成一致。此后，原告不再需要出示证据来证明女巫造成了人类或动物的死亡、人身伤害或疾病，也不需要证明她们与粮食减产有关。因为她们是女巫，与恶魔狼狈为奸，无恶不作，所以

可以对其判刑，让她们承担后果。女巫审判方式的改变解释了审讯者为什么会使用更多酷刑来逼女巫招供。因为短时间内，很难证明女巫伤害了邻居，但劝说女巫承认参与撒旦集会则相对简单得多。

既然如此，为什么 1604 年以后的女巫审判和处决的数量没有明显增加？斯蒂恩和霍普金斯有什么过人之处？他们两个人在 17 世纪 40 年代究竟带来了哪些影响？猎巫者一直在利用民众的恐惧心理，而且如果时机合适，他们可以

▲ 1837 年版《发现女巫》中霍普金斯的形象

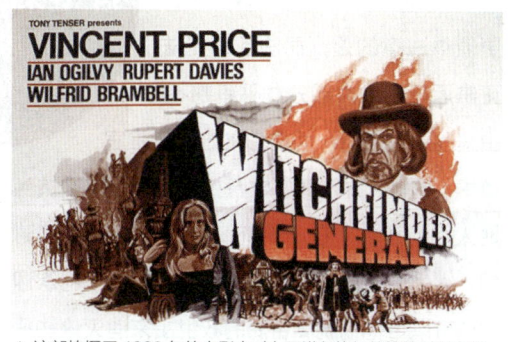

▲ 这部拍摄于 1968 年的电影中对女巫进行拷打的镜头过于血腥，导致该影片要接受审查

▲ 查尔斯·兰德希尔，《纳斯比战役后，克伦威尔阅读从查尔斯房间中找到的一封信》（Cromwell reading a letter found in Charl·s' Cabinet, after Naseby）

在短暂的恐怖统治时期获得民众的依赖。1645年—1647年是英国内战最关键的时期。那时，英国分裂，议会军队在1645年6月的纳斯比战役中以压倒性优势战胜了保王党军队，这标志着君主制的衰落，也最终导致查理一世被俘。战争让民众苦不堪言，人们对未来感到一片迷茫。更值得注意的是，司法系统无法正常运行。绝大部分女巫审判不是由巡回法官主持，而是由地方治安法官负责，这些人对法律知之甚少，而且更难抵抗当地人民的压力。在一个充满变数与不确定的时期，人们更愿意通过替罪羊来寻求安慰，也欢迎那些可以带他们脱离苦海的救世主来消灭这些恶魔。随着议会权力变大，人们逐渐恢复了理智。

> 霍普金斯继承遗产后，在米斯特利买下了索恩酒店。

1647年8月，霍普金斯死于结核病，在他去世之前，猎巫者的影响力已经受到很大限制（霍普金斯没有像传说中那样被处以绞刑）。在诺福克郡，巡回法官对霍普金斯展开了审讯，质疑他开展猎杀女巫运动的动机以及使用酷刑的正当性。霍普金斯去世后，记录对其审讯过程的小册子才问世。不久，斯蒂恩也淡出了公众视野，轰轰烈烈的猎巫运动也宣告结束。

在此期间，斯蒂恩和霍普金斯对250名嫌犯进行了审讯，约有100人被处以绞刑。这场运动的受害者不仅只有女性，其中约翰·洛斯牧师的悲惨遭遇就是最有力的证明。洛斯年过八旬，是弗拉明汉附近的布兰登斯顿的教区牧师，但是教区居民对他很不满，因为洛斯为人傲慢、好计较（他曾经与当地一名男子争吵不休），这让教区居民对他心生怨念。人们试图请求主教将其撤职，但没有成功。当他为一名被指控为女巫的人辩护时，人们趁机指控洛斯本人与恶魔勾结。霍普金斯接受了人们的观点，他从接受审讯的两名女性口中获得了洛斯牧师是她们同伙的供词。于是，霍普金斯开始对洛斯施行酷刑，命令他游泳，不让他睡觉，让他一直跑步，直到他自己喊累然后供出自己的罪行，其中一项罪行是引起暴风雨致使船只在萨福克郡附近海岸沉没。当然，洛斯与这起沉船事件没有任何关系。相反，霍普金斯的错误决定则导致很多人无辜死去，他应该受到良心的谴责。

> 霍普金斯的恐怖统治恰逢第一次英国内战（1642年—1646年）。

▲ 死刑在欧洲各地的执行方法各不相同

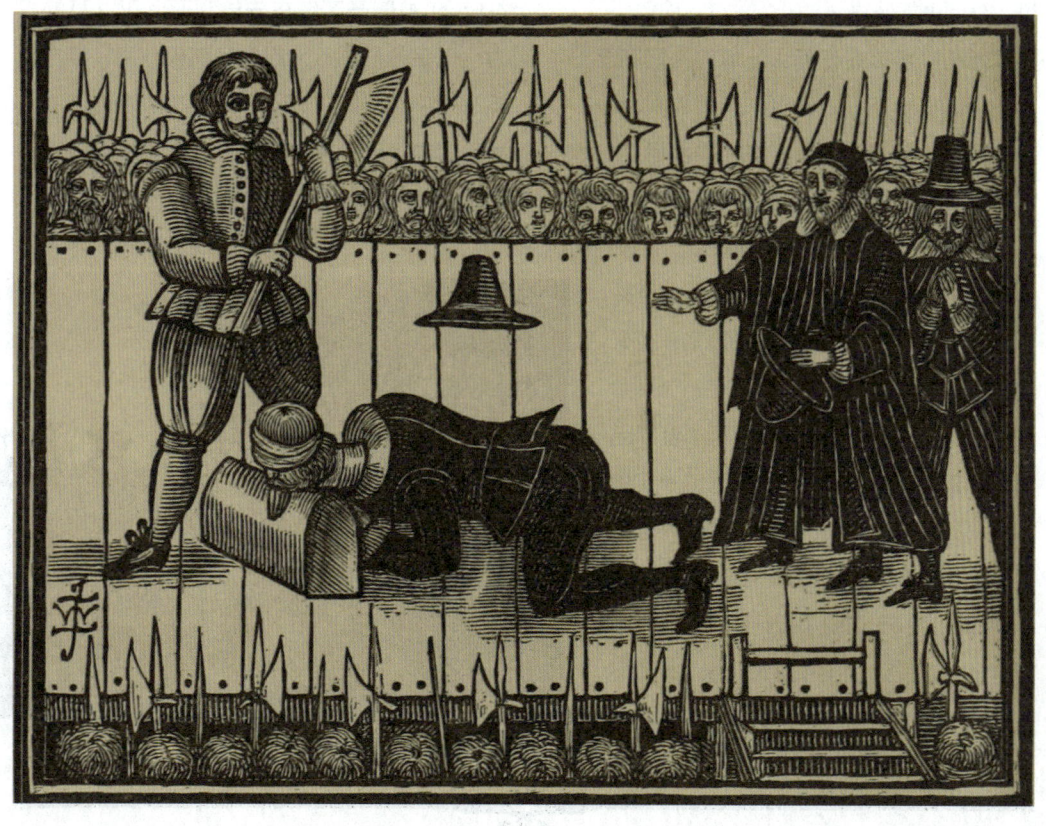

猎巫者手册

猎巫者通常自称有能力识别女巫，他们有的有官职，有的没有。猎巫者遍布整个欧洲，他们参与了历史上影响最大的几次猎巫运动。随着女巫数量不断增加，猎巫者也开始出现，他们会在不同的村子间进行巡视，逮捕可疑女性，然后进行处决。

猎巫者可以是任何人，他们性别不同，年龄不同，有着不同的背景。神职人员、地主以及法官都担任过猎巫者。在加泰罗尼亚，地方诸侯会请专业的猎巫者来处理控诉案件。

猎巫者工作年限很短，在政治和宗教动乱时期，自身的知名度和影响力对于他们至关重要。绝大部分猎巫者受邀加入了一些有猎巫经验的团体，很少有证据表明猎巫者在没有嫌疑的地区煽动猎杀女巫或者制造恐慌。确切来说，虽然猎巫行为助长了指控女巫的火焰，导致了迫害女巫事件数量的增加，使得欧洲笼罩在对女巫的恐惧中，但是猎巫者并非主动采取行动。因此，猎巫者的成功只建立在雇主对他们工作满意的前提下，如果猎巫者行为不端，他们的影响力和权力就会迅速消失。

尽管一些猎巫者得到了批准，但在很多情况下，猎杀女巫的行为很少或根本没有得到官方准允。英国内战期间的马修·霍普金斯和约翰·斯蒂恩就是一个例子，他们俩在17世纪40年代被赋予了在东安格利亚消灭女巫的权力，但是他们的行为超出了职权范围，给自己惹来了麻烦。同样，图卢兹最高法院曾将3名猎巫者送上绞刑架，因为这3人不但收取了大量猎巫费用，而且假装获得批准来铲除女巫。

铲除女巫

猎巫者在欧洲一些最致命的女巫猎杀运动中发挥了重要作用

英格兰（1645年）

自封为"猎巫将军"的马修·霍普金斯内战时期在东安格利亚活动，他与同事约翰·斯蒂恩一起努力铲除女巫。尽管根据英国法律，严刑逼供属于违法行为，但霍普金斯还是采用了极端手段来逼嫌犯认罪，比如剥夺睡眠权利或让嫌犯不间断走路，直到脚底流血。他还曾逼迫年过八旬的牧师约翰·劳斯一直游泳，强迫他承认罪行。有传言称霍普金斯本人就是一名巫师，他知道如何找出那些与恶魔勾结的女巫。据说他有一本书，里面记录了所有女巫的名字。

西属尼德兰（1610年—1619年）

查尔斯·范·德·卡梅尔是埃诺区布尚市的中尉，他承认自己是一名经验丰富的猎巫者，他说仅仅在两年之内就有80多名女巫被判刑。猎巫行为缺乏中央政府管控以及司法系统中存在的大量漏洞，被像卡梅尔一样的人充分利用。仅卡梅尔一人就造成150多人死亡，其中还包括一些小孩，这也使得他的猎巫行为受到质疑：在34名小孩中，有16人被处死。

巴斯克（1608年—1614年）

法国边界爆发的猎巫运动使人们感到恐惧，在此期间，有超过2000人在巴斯克地区猎巫者的煽动下遭到了审讯和酷刑。这场大规模审判引起了极大恐慌，被指控者的处境大致相同，无论是领主、牧师，还是村民都会受到审讯。性别和年龄也不能完全保证安全，男女老少都会被处决。在宗教裁判所介入调查后，这一恐怖时期才得以结束，当巫术不能得到证明，猎巫运动也就失去了存在的意义。

德国巴登巴登（1627年—1631年）

巴登巴登侯爵的杰出议员马斯特·埃施巴赫在巴登巴登及其周边地区以铲除女巫而闻名。由于新教徒被迫转变为天主教教徒，该地区充盈着紧张的宗教情绪。在这场全方位的猎巫运动中，埃施巴赫对嫌犯严刑逼供，并利用儿童的指控逮捕了大量嫌犯。甚至政府官员也受到威胁，侯爵的妻子和姐妹在埃施巴赫前去救援时惨遭杀害。埃施巴赫的猎巫行为造成至少200人死亡，还有许多人被驱逐出境或打入大牢。

如何辨认女巫

猎巫者有很多方法来辨认嫌犯是否为女巫。虽然一些方法是某些地区独有的,但是大部分辨认女巫的方法在整个欧洲适用。

将嫌犯放入水中是最为人所知的一种测试女巫的方法,这种方法在欧洲很受欢迎。嫌犯的手脚被绑在一起,然后被慢慢放入水中或直接扔入水中,如果他们浮在水面上,那么证明他们有罪,因为他们被洗礼的水拒绝了;如果他们沉入水底,则证明他们是无辜的。这种测试巫术的方法最早由英格兰詹姆斯一世(同为苏格兰詹姆斯六世)在1597年通过《恶魔学》传到英格兰,但是直到1612年,贝德福德郡的玛丽·萨顿才首次通过这种方法被判定为女巫。

另一种流行于欧洲的方法是称嫌犯体重,然后与《圣经》的重量进行比较,以此来确定嫌犯

辨认女巫的常用方法

即使没有这些检测方法,在某些情况下也可以进行女巫认定。如果符合以下条件,那么很有可能被认定为女巫:

1. 丧偶
2. 与猫、雪貂或蟾蜍一起生活
3. 年纪大
4. 爱吵架
5. 因滥交或不道德行为而闻名
6. 话多
7. 意志坚定,直言不讳
8. 没有定期参加教堂活动
9. 天黑后四处走动
10. 长相奇怪
11. 自言自语
12. 经常不去教堂
13. 因诅咒他人而闻名
14. 与当权者发生财产纠纷

是否为女巫。比《圣经》轻的人将被视为女巫，因为当时人们普遍认为女巫将自己的灵魂卖给了恶魔，失去了灵魂，所以体重变轻。荷兰奥德瓦特有一座著名的称量房，人们被指控后将跋涉千里来到这里，只为证明自己的清白。人们认为圣言有利于辨认女巫，那些无法背诵主祷文或其他宗教语言的人将被视作女巫。

寻找女巫身上的印记也是猎巫者常用的一种方法。这些印记被视作恶魔撒旦与女巫勾结的证据，或是女巫喂养小恶魔留下的标记，这些印记令人生疑。如果嫌犯的印记被刺破而没有感到痛苦，则表明此人一定为女巫。也有人说，女巫的眼中通常会有一种特定的印记，但只有那些具备天赋的猎巫者才能辨认出来。

辨认女巫的另一个方法是看其头发是否可以被剪断，女巫的头发很特殊，无法剪断。

划伤女巫也是一种检验巫师的方法，这个方法不仅适用于猎巫者，更适用于普通老百姓。如果嫌犯被划伤后，没有流血或流出液体，则表明他们是女巫。这种方法极其残酷，伤口来自各种器具，嫌犯通常会遭到毒打，受到惊吓。

惩罚女巫！

如果被指控为女巫，那么嫌犯将面临各种酷刑。

赔偿

已定罪的女巫向受害者提供赔偿实际上并不是为了惩罚女巫。在大多数情况下，赔偿意味着恢复秩序，证明被告真心悔过，两者之间矛盾化解，这是一种象征性的惩罚，也以此表明和解的结果得到了彼此满意。在猎巫运动期间，赔偿在波兰乡村法院的审判中很普遍，在威尔士，同样也是死刑很少，以赔偿作为惩罚居多。

桨帆船

尽管嫌犯免受枷锁和火刑柱折磨，但被送到桨帆船就如同进入了地狱，他们跑不了，也没有任何权利，虽然不需要做体力活，却被送上了战场，用来充实那个时期的海军舰队。诺曼底最高法院在1684年将被定罪的牧羊人送上桨帆船，巴黎最高法院在1687年、1688年和1693年先后三次将巫师和中毒的牲畜送到了桨帆船上。1779年，一位来自纳瓦拉的年轻猎巫者虽然不是巫师却同样被送上了桨帆船。

流放

乍一看，流放没有想象中那么糟糕，但是对于那些被判终身流放、远离家人和故土的人来说，这是一个很艰难的选择。同样，这个判决也有可能被推翻，梅斯最高法院审判的第一起女巫案导致两姐妹被流放。然而，这两个不幸的人刚离开城市边界，就被乱石砸死。在俄国，被定罪的女巫会被流放到很偏远的地区守卫国家或耕田种地，通常她们的家人会被允许一同前往。

处决

显然，已定罪的女巫会受到的最极端惩罚就是被处决，处决的形式多样，时间地点不定。尽管通常认为女巫会被处以火刑，但在欧洲大陆还有很多其他的方式。在英格兰，就有许多女巫会被处以绞刑。而在苏格兰，女巫在被处以火刑前会先被勒死。将女巫斩首的方式也很普遍，除了欧洲，投石也是执行死刑的常见方式之一。

鞭刑

在对巫术罪行的惩罚中，鞭打或殴打是一种较轻但同样残忍的惩罚。在意大利，罗马宗教裁判所经常在大街上鞭打那些使用恋爱巫术、治愈巫术和寻宝巫术的巫师。在波兰，乡村法院也经常使用鞭刑。在俄国，女巫被严刑逼供后，还将继续受到皮鞭之苦。在意大利奥尔贝泰洛，那些操纵恋爱巫术的女巫同样会在街道上被鞭打。1669 年在瑞典莫拉女巫审判中，共有 148 名儿童受到过鞭刑。

女巫的咒语书

女巫记录下了她们的咒语,称这些古老的文字在各个历史阶段都可以影响人类的生活。

▲ 这张女巫护身符出现在一本著名的魔法书《黑色魔法》(Black Pullet)中

巫术的概念和实践可追溯到很久以前,那些调配毒药、诵咒语以及施咒语的巫师都将自己的方法记录了下来,这样可以确保代代相传。

中世纪和近代早期的女巫都成为了替罪羊,成为了猎巫者的目标,被认为饥荒、瘟疫、疾病和其他各种灾难都因她们而起。事实上,这一时期的女巫是一群普遍接受过良好教育的人,有读写能力,擅长担任抄写员或者提供类似的各种服务。据估计,16世纪到18世纪的欧洲,大约八成的被指控者为女性,而且是一群年纪偏大、生活穷困潦倒、相貌平平的女性。不可思议的是,这些巫师同样是医药、化学或其他领域的开拓者,并设法将自己的智慧记载了下来。

古埃及与古希腊在莎草纸上记载了礼拜仪式和文学作品,引用的咒语需要"乳香作为祭品"。中世纪魔法法典《贤者之书》(Picatrix)的写成时间最早可追溯到11世纪,并且是用阿拉伯文撰写的。该书有400多页,主要内容包括如何调制出与咒语搭配使用的毒药,以及占星术对知识和力量的追求等。另外一本《冰岛魔典》(Galdrabók)成书于16世纪,该书是众多女巫集体智慧的结晶,它的47条咒语据称隐藏着超自然属性的符文,其大部分内容涉及对疲劳、头痛、失眠以及分娩疼痛等身体情况的治疗。

虽然《何诺宣誓之书》(The Sworn of Honolius)具体的出版日期不详,但该书已被证实流传于14世纪,保存最久的手稿可追溯到1347年。据说该书可以帮助巫师施展通灵术,或与死者进行交流。巫术学说明确规定只能有3本《何诺宣誓之书》的手抄本存在,拥有其中一本而又找不到合适的继承人的巫师,必须将此书带到自己的坟墓里;并且任何信奉此书教义的人都必须与女性保持距离。

有证据表明,从古至今有大量巫术教义存在。由于巫术本身的神秘以及巫术所具有的独特历史价值,人们对其中很多教义都进行过全面研究。

> 这些巫师同样在医药、化学和其他领域争做开拓者,将自己的智慧记载了下来。

幻觉和神秘之书

从应对常见疾病的手册到召唤恶魔的魔法书,咒语书可谓五花八门。

与巫术有关的书种类繁多,包括魔法咒语书、中世纪盎格鲁-撒克逊医学典籍以及"魔符手册"等。"魔符手册"因书里有大量与巫术相关的符号而得名,有的符号被认为是恶魔的亲笔签名。

魔法书是女巫的通用手册,书的起源几乎与巫术本身一样古老。魔法书的内容主要介绍如何施展巫术,包括如何念咒语、如何制作护身符、护身符的使用说明,以及召唤天使、恶魔或其他超自然灵魂的步骤。据说,最早的魔法书出现在古美索不达米亚地区,时间早于公元前4世纪。这些魔法书是女巫日常工作中很重要的一部分,并且已有数千年历史。魔法书有时候也被视为超能力的来源。

"Grimoire"这个词来自法语中的修辞,意思是"难以理解"。

▲《阴影之书》包含咒语、巫术和其他便于巫师练习的内容

▲ 女巫在施咒时查阅咒语书。咒语书具有作者的鲜明特色

《所罗门的钥匙》（Key Of Solomon）是一本流传很广的魔法书，有传闻称该书由所罗门国王亲自创作。但是，这本书更有可能创作于14世纪的意大利文艺复兴时期。全书分为上下两册，已有多种语言的翻译版本，其中有些内容不同版本翻译得略有不同。书中记载了魔法咒语、宗教涤罪以及其他活动，反映多种文化的相互影响。

英国医学典籍《巴德医书》是著名的魔法书之一，其历史可以追溯到9世纪，手稿保存于伦敦大英图书馆。该书分为两部分，第一部分介绍如何治疗外部疾病，第二部分介绍如何医治内部疾病，该书为头痛、带状疱疹和脚痛提供了切实可行的治疗方法。

中世纪的女巫用魔符来代替想要召唤的天使与恶魔。《所罗门的小钥匙》（The Lesser Key Of Solomon）一书列出了72大地狱恶魔所对应的魔符。据说魔符可以带给女巫法力。

《阴影之书》

在20世纪40年代后期，公认的威卡教之父杰拉尔德·加德纳写成了《阴影之书》（*Book Of Shadows*），并推荐给他的"砖木女巫帮"成员。虽然《阴影之书》的内容基本是对女巫个人术语的描述，包括她们各自的咒语和仪式，但加德纳认为，他的书中包含了几十年前"新森林女巫帮"成员的信息以及自己为收集这些信息做出的贡献。

尽管他断言书中的某些部分起源于早期的巫术史，但实际上这些内容也可以归因于其他书籍，例如文艺复兴时期创作的《所罗门的钥匙》以及查尔斯·戈弗雷·利兰德写的《女巫福音》，后者据说是意大利女巫帮的宗教书籍。此外，还有部分内容被认为来自诗人鲁德亚德·吉卜林以及神秘主义者和魔法师阿莱斯特·克劳利的著作。"砖木女巫帮"的最高女祭司多琳·瓦伦特在对加德纳的著作提出质疑后，对其进行了重大修改。

加德纳说，女巫由于担心受到迫害，所以在较早的时候停止了以书面形式来记录仪式和咒语，到后来才恢复用书面形式进行记录。加德纳《阴影之书》的发行激起了人们对威卡教的兴趣，而这类书在当时也慢慢成为了主流文化。

女巫巫术库

- 折磨邻居家的孩子，使其出现奇怪的症状和怪异行为
- 召唤亡灵
- 控制天气降雨或下雪
- 使人遭受噩梦
- 施展爱情咒赢得男人心
- 带给敌人不断的厄运
- 免受疾病之苦
- 使邻居摆脱不中意的老公
- 寻回失物
- 使八卦者闭嘴

▼ 女巫们被认为是烧毁房屋的罪魁祸首

躲避邪术

死猫

将死猫挂在墙壁的习俗在欧洲已有了多年历史，并且流传至今。死猫之所以被当作护身符，是因为有人认为死猫的尸体可以驱逐女巫，让其远离守护之地。虽然有人认为这些猫被挂在墙上时还没有死，但是法医的尸检结果显示，猫都是确定死亡之后才被挂在墙上的。除死猫外，死亡的啮齿动物和鸟类也被当作护身符挂在墙上。

燧石箭头

古代的燧石箭头是由新石器时期的人类打造的，据说小精灵曾用这些箭头来狩猎或者袭击人类。然而，经过一番探究，我们发现这种箭头经常被嵌在银片中，挂在脖子上，当作护身符，用来躲避女巫。燧石箭头很难找到，一般会出现在一些稀奇古怪的地方，比如阴暗的小角落，这样可以避免落入女巫之手，也可以防止被乱用。

巫瓶

巫瓶的使用可以追溯到16世纪，主要用来解除女巫巫术。有时，女巫和江湖郎中都会使用巫瓶，通常他们会在瓶子中放些受害者的头发、指甲、尿液，还有可能放一些迷迭香、弯针、大头针和少许红酒。这些巫瓶通常被埋在受害者家中，例如炉台之下或者其他一些不起眼的地方。巫瓶通常用来激怒女巫，然后迫使女巫解除巫术。

巫石

　　巫石指房屋烟囱周围凸起的石头。这些石头原本是为了防止雨水从茅草屋顶和烟囱中间流进房屋，但是有一段时期，这些石头与女巫联系在了一起，人们认为女巫与恶魔开完秘密会议后会飞回到这些石头周围，然后在石头上休息。如果有的房屋顶部没有石头，那么女巫会直接钻进烟囱，给这一家人带去灾难。

巫球

　　巫球通常由五彩斑斓的石头组成，这些球体在中世纪很受欢迎。早期巫球的制作方法很粗糙，直到 19 世纪，制作工艺才有了较大提高，玻璃质量也变好了。有时，这些球体会被装满圣水或盐，用于提升效力。

花楸树

　　在英国传说中，恶魔将自己的母亲吊死在了花楸树上。于是人们在房子门前或者其他位置种植花楸树，这样可以遏制女巫的力量。花楸树的浆果呈五角星的形状，而且是鲜艳的红色，据说，这就是这种树强大力量的来源。人们佩戴的十字架有时会采用花楸树来制作，这样可以得到上帝庇护。花楸树的枝干还可以当作家畜的饲料。

巴斯克女巫审判

尽管西班牙宗教法庭不容异己、残暴无度,但当女巫大量出现在西班牙巴斯克地区时,宗教法庭却成为一股克制的力量。

弗朗西斯科·戈雅关于西班牙宗教法庭的画作《信仰审判》

1610年11月，在距离潘普洛纳约75英里远的洛格罗尼奥有6人被处决，另有5人死在了狱中。西班牙地方宗教法庭用近一年时间致力于审查证据并试图得到嫌犯供词，如今这些不幸的受害者面对上千名围观群众，否定了所有指控，只求一死。欧洲的女巫潮再一次席卷西班牙北部地区。幸运的是，1610年11月迎来了女巫审判的终结，但是在接下来若干年，依然有数千人接受了审讯。

最初，人们认为女巫仅在几个村庄大量出现，比如苏加拉穆尔迪地区，但人们很快就对这一组织严密、范围广泛的群体产生了恐惧。人们有可能面临一切与恶魔有关的指控。一时间各种流言四起，称女巫在午夜安息日与恶魔狂欢，发生关系。正如当时人们所说的那样，"这一切令人恐惧，无法说出口"。谋杀和不幸都归咎于女巫，据说她们翻山越岭去四处寻找蟾蜍，然后用来酿造毒酒。有报道称，

> 1616年，萨拉萨尔介入时，世俗机构在比斯开正在进行一场声势浩大的女巫审判。

人们有可能面临一切与恶魔有关的指控。

西班牙宗教法庭可以带来什么？

一、发出警报

宗教法庭经常对女巫进行突击审查，而非定期造访。关于女巫罪行的报道通常以指证或者控告的形式在社会上流传，这会引起教区牧师的注意。如果牧师确认这些控告可信，那么他们将进行采访，并将初步调查结果上报给当地宗教法庭。

二、进入审讯

地方法庭的官员会要求将女巫嫌犯转移到宗教法庭，然后开始寻找证据。中间涉及询问证人、查询旧案件，以及最重要的是从被告嘴里得到证词。地方法庭还要将进展情况告知位于马德里的宗教法庭最高法院。现在有两个选项：a）撤诉；b）正式起诉。

三、审判

如果有人承认自己会巫术，那么他将获得救赎，通常会在公众集会中宣布其无罪，并被教会接受。在这种情况下，几乎没有人被判处死刑。如果有人否认自己是巫师，但只要宗教法庭宣布他有罪，就很有可能面临严厉惩罚。但是，宗教法庭很少对嫌犯判处死刑，被判处的死刑通常在大型的公共仪式上执行。受害者家属会受到严重影响，世世代代都将在参与公共生活、积累财产和社会活动中受到极大限制。

四、传播

在进行了初步调查后，地方法庭可能会相信的确存在着一个有严密组织且规模庞大的的巫术教派，巴斯克女巫审判就属于这类情形。在这种情况下，法庭将派出调查小组，去发掘可以对女巫定罪的证据。然后进入"指控—查证—定罪"的循环。

女巫有时会变成家蝇或乌鸦，然后在夜间对路人进行袭击。

但是一开始，并不是所有人都相信这些女巫事件的真实性。皇家史学家佩德罗·德·瓦伦西亚表示"女巫嫌犯的一些供认未必真实，所以一些人拒绝相信"，因此"将整个事件看作女巫自己编造出来的"也许是更加明智的选择。甚至在负责审判和处决的西班牙宗教法庭内部，也有一些人持怀疑态度。1609年6月，阿隆索·德·萨拉萨尔·弗里亚斯抵达洛格罗尼奥，他被任命为地方法庭第三任同时也是最年轻的裁判人。萨拉萨尔毕业于萨拉曼卡当地一所著名大学，担任大教堂教士律师一职，拥有美好的职业前景，他对女巫事件表示怀疑。王室和位于马德里的宗教法庭最高法院也对此表示疑惑，萨拉萨尔被委派于1611年5月至1612年1月对巴斯克地区进行访问。

据说，在巴斯克地区的女巫夜半集会上，撒旦变身为了一头羊。

萨拉萨尔对上百人进行了参访，他们中有操纵巫术的人，也有对女巫提起诉讼的人。萨拉萨尔还进行了一系列的检测：将动物放入女巫制成的药水中，对声称与恶魔发生过关系的女性进行身体检查，并将所谓的安息日地点与实际地点进行比较。结果是令人意外的：那些药水没有杀死任何动物，许多女性依然是处女，有关巫师夜半集会的证词与实际情况也有很大出入。正如萨拉萨尔给最高法院的一系列报告中所解释的那样，绝大部分证词都是"虚假、伪造和不真实的"，因此"我们不应该相信女巫"。那么究竟是什么在支配着她们，让她们承认自己的犯罪行为呢？萨拉萨尔认为，也许这些女巫只是心存妄想，而并非恶毒之人。如果恶魔真的想从中作祟，那么他的方法不可能被人们觉察到。

玛丽亚·德·埃切瓦里亚年过八旬，来自奥罗努兹，她由于"内心的忏悔"而认罪，但"她

▼ 苏加拉穆尔迪的一处山洞，据称女巫在这里举行了夜半集会

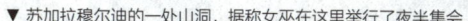

▲《女巫的安息日》，来自弗朗西斯科·戈雅的图画集《黑色绘画》

对于自己操纵巫术的供认，毫无疑问只是自己的幻想"。玛丽亚说之前有一天她在睡觉，不知为何被带到了安息日，但是"没有人见过她离开房间，或者返回家中，甚至和她睡在同一张床上的大女儿也没有察觉"。还有一位女性坚称，在她臣服于撒旦之后，她左脚上的3根脚指头不见了，但是她周围的亲朋好友都知道她从娘胎里生出来时就是这样的。

> 这些所谓的指控往往出于恶意，并不可信，这些人往往是陷入了自己的幻想。

有人认为，女巫会从墙壁缝中偷偷溜走，或者变成动物来吮吸婴儿血。

巫没有一点关系"。与此同时，法国爆发了大规模的猎巫运动，也使整个欧洲大陆陷入一片恐慌之中。

访问期间，萨拉萨尔常常手持恩典法令，这样便于让基督教接受这些已经认罪的嫌犯。在他的努力下，有1802人先后获得赦免，其中14岁以下的儿童多达1384人。此外，萨拉萨尔的报告也证实了最高法院院长的观点，即西班牙北部的猎巫运动已经完全失控。萨拉萨尔建议，宗教法庭应该"对被指控者遭受的虐待深表遗憾"，并认为"近日巫术案中的所有供词和证词均应宣布无效"。最高法院听取了他的建议并迅速发布了新的审判要求：要对事实进行反复检查，并应随时注意"受到大量质疑的案件"。最令人欣慰的是，1610年曾在洛格罗尼奥被判处决的人们获得了赦免。

不出所料，并非所有人都理解萨拉萨尔所做出的努力。有一位批评者称"无法理解像萨拉萨尔这样睿智的人会去怀疑既定的事实"。每个人都知道，巫术真实存在，并且极具威胁，因为"基督教世界里的所有学者都已充分证明并认可了这一点"。萨拉萨尔的做法"没有任何依据，只是自己的狭隘看法"。还有人认为萨拉萨尔被恶魔戏弄了，甚至与恶魔私下勾结。这些言论将萨拉萨尔塑造成了在巫术方面持有理性态度的开拓者，甚至把他看成一位追求独特的人。但是，需要提醒各位一点，萨拉萨尔既不像有些人说的那样领先于时代，也没有落后于时代。

首先，萨拉萨尔并未质疑巫术的存在，也不否认巫术是女巫与恶魔勾结后才产生的。他只是推测，在17世纪前40年，西班牙北部的一些案件压根与巫术无关。萨拉萨尔说："真正的问题是，我们是否相信巫术……仅仅因为

萨拉萨尔直言不讳。"我没有发现哪怕一个证据或者有丝毫的迹象可以表明她们确实施展了巫术。"这些所谓的指控往往出于恶意，并不可信。指控者们要么是陷入了幻想，要么是"被巨额贿赂和卑鄙手段所腐蚀了"。社会上对于巫术的恐惧与多疑，"让一切可疑的行为都被视作巫术，并且这种情况在不断恶化，事实上，任何昏厥、疾病、死亡或意外都和女

出自女巫之口？"证据告诉他并非如此，萨拉萨尔的质疑来自他敏锐的法律思维，而非慈爱之心或单纯的感性。

其次，认为萨拉萨尔对巫术指控持怀疑态度的看法极其错误。西班牙宗教法庭的名声会让我们认为他们在不停地寻找巫师，然后对他们施以酷刑。显然，我们是被误导了。的确，西班牙宗教法庭成立的几十年间，巫术成为一个很严重的问题。女巫很容易成为法庭消除异端的目标：她们向恶魔献祭并且放弃洗礼誓言，被认为在仪式中滥用圣言和圣物。15世纪90年代，宗教法庭的一些地方机构，特别是位于萨拉戈萨的机构，对任何关于巫术的谣言都采取了严厉措施。然而，最早的时候，宗教法庭对谣言是持怀疑态度的，这一点与萨拉萨尔不谋而合。许多裁判人的立场是，女巫可能是被骗了，她们并非撒旦的追随者。到16世纪20年代中期，女巫审判的流程得到细化。正如最高法院颁布的一项法令规定，"任何供认自己罪行的女巫需要再次确认，她们究竟是真的犯罪了还是被骗了"。

西班牙宗教法庭在巫术案件中的审判程序还算相对宽松。相比之下，北欧新教的教会权威要严厉得多。在西班牙，法院不会经常对嫌犯施加酷刑，也不没收财产，判处死刑的情况也就更罕见了。地方法庭偶尔会采取更具侵略性的方法，但这些方法常被最高法院制止。宗教法庭做出最后两次处决分别是在16世纪30年代中期的阿拉贡以及16世纪40年代后期的加泰罗尼亚。西班牙南部法庭很少接触巫术案。即使是萨拉戈萨法庭，在对巫师的高压时期，也只在1550年至1600年

> 西班牙宗教法庭在1610年至1700年对5000名涉嫌操纵巫术的人进行了审讯，但无一人被处以火刑。

长久以来，巴斯克地区被称为巫术的温床。

受理了很少的巫术案，而且没有判决一例死刑。1568年，有人因传授咒语而被判去当划船苦工。1574年，一位占卜者受到鞭刑。在之后半个世纪中，只有一起案件得到判决，被指控者为一名30岁的女人，她被控操纵残忍的巫术杀害动物和人，于是受到鞭刑，并被流放了4年。

实际上，在整个伊比利亚半岛，绝大部分的巫术死刑都由世俗机构执行，而宗教法庭对巫师案件所采取的温和手段被其他地中海国家借鉴。譬如，威尼斯地方法庭在1550年至1650年受理了600多起与巫术有关的审判，其中绝大多数嫌犯被无罪释放，没有执行过一起死刑。从某种意义上说，1609年至1614年在巴斯克地区发生的审判是偶然事件。在审判初期，最高法院内部人员达成共识，认为这与法院该有的形象不符，然后采取了一种更谨慎的方式。这也就解释了为什么派萨拉萨尔前去调查。长久以来，巴斯克地区被称为巫术的温床。尽管萨拉萨尔面临危险，但他仍对当地法院的做法提出了质疑，并对女巫审判持怀疑态度。

所有这些都没有削弱萨拉萨尔工作的重要性。现代欧洲早期出现了巫术的新定义，即一种受到恶魔鼓动、组织严密的神秘教派。

萨拉萨尔并没有质疑恶魔干预人类活动的可能性，但是每当被问到巫术有哪些迹象时，他表现得都异常严谨与谨慎。而其他裁判人对巫术活动的存在深信不疑，因为有大量证据可

▲ 女巫安息日的图像给西班牙的流行文化与精英文化蒙上了阴影。该画为戈雅创作

▲ 詹姆斯六世在《恶魔学》一书中写道，女巫会与仙女相勾结

从外面看里面

　　另一件奇闻逸事与"外来的女士"有关。该称谓适用于一群如仙女般的女性生物（长相美丽并且拥有动物手足）以及与她们交往的人类。有一位住在西西里岛的太太，引起了西班牙宗教法庭的注意，因为该岛当时归属于西班牙。比起严厉的惩罚，宗教法庭似乎对调查更感兴趣。人们发现，一方面，那些冒犯这位太太的人都被她染上了疾病。另一方面，那些与这位太太有联系的人都以高超的医术闻名于世，并且在自己周边地区履行一些职责，比如祈神保佑每户人家的安全。

　　现有的法律记录表明，这位太太曾多次被讨论，的确，与这位太太来往的人绝大多数是又穷又老的妇女，她们通过自己提供的服务换取食物与酬劳。在当时，与"仙女"的亲密关系被视为一种特权，因为据说只有那些拥有甜血的人才能被指望在各种各样的巫术实践中得到训练。

　　许多被带到宗教法庭的女性承认自己说谎了，还有一些女性称自己再次声明与"仙女"见面，主要是为了打动潜在客户。在一些地方，尤其是苏格兰，"仙女"与巫术之间的联系根深蒂固。在当时，"仙女"仍然被视为一种对社会有害的灵物。

▲ 西班牙宗教法庭正在进行信仰审判，嫌犯面临的惩罚与罪刑都会减轻

以表明巫师对社会造成了危害。然而，这正是萨拉萨尔遭到别人怀疑的地方：难道他的所谓调查结果就不是对公众的哄骗吗？

更为重要的是，最高法院从萨拉萨尔的报告中得到启发，制订了改革方案，并启动了新的法典编纂工作，这些举措带来了翻天覆地的变化。现在必须确证任何关于巫术的指控，任何证词都必须完整记录，而不只是简单地加以总结。这样一来，审判中的一些供词就会出现前后不一的情况，萨拉萨尔将这种情况描述为"超越人类理性的要求"。

值得称赞的是，萨拉萨尔还激起了人们对于巫术审判的质疑，并且在他剩余的工作时间里，尽最大努力来防止巴斯克地区再次出现女巫恐慌。随着萨拉萨尔在宗教法庭中的名望不断提升，他开始观察地方法庭的审判过程，并在世俗机构极力主张对女巫采取严厉审查时，进行了干预。

1424年至1782年，有6万多欧洲人因操纵巫术被处死，其中绝大多数人死于1560年至1640年。但是，历史学家也注意到了在这一阶段"地中海地区对于女巫案件的温和手段"。西班牙也对女巫进行了迫害，但与欧洲其他地区相比，采取的行动相对克制。最令人震惊的是，尽管西班牙宗教法庭声名狼藉，但却成为终结女巫审判的关键一环。阿隆索·德·萨拉萨尔·弗里亚斯在这一阶段作用重大，被誉为"女巫辩护人"。

> 西班牙语"Bruxas"一词用来描述崇拜撒旦的女巫，该词来源于加泰罗尼亚语中的"夜间恶魔"。

《愚昧的女巫》
彼得·范德·海登和彼得·布吕赫尔，1559 年

在这幅画中将女巫描绘成了骗子。一个女巫和她的助手们正在做"手术"，要从人的头部取走结石。当时有一种迷信，说从人的头部取走结石可以治疗精神失常。桌子下面有一个看出骗局但无法说话的人，因为他的嘴被锁住了。人们聚在一起围观结石从体内取走，这表明了布吕赫尔对这些人的看法，认为他们极其愚蠢，容易被骗。

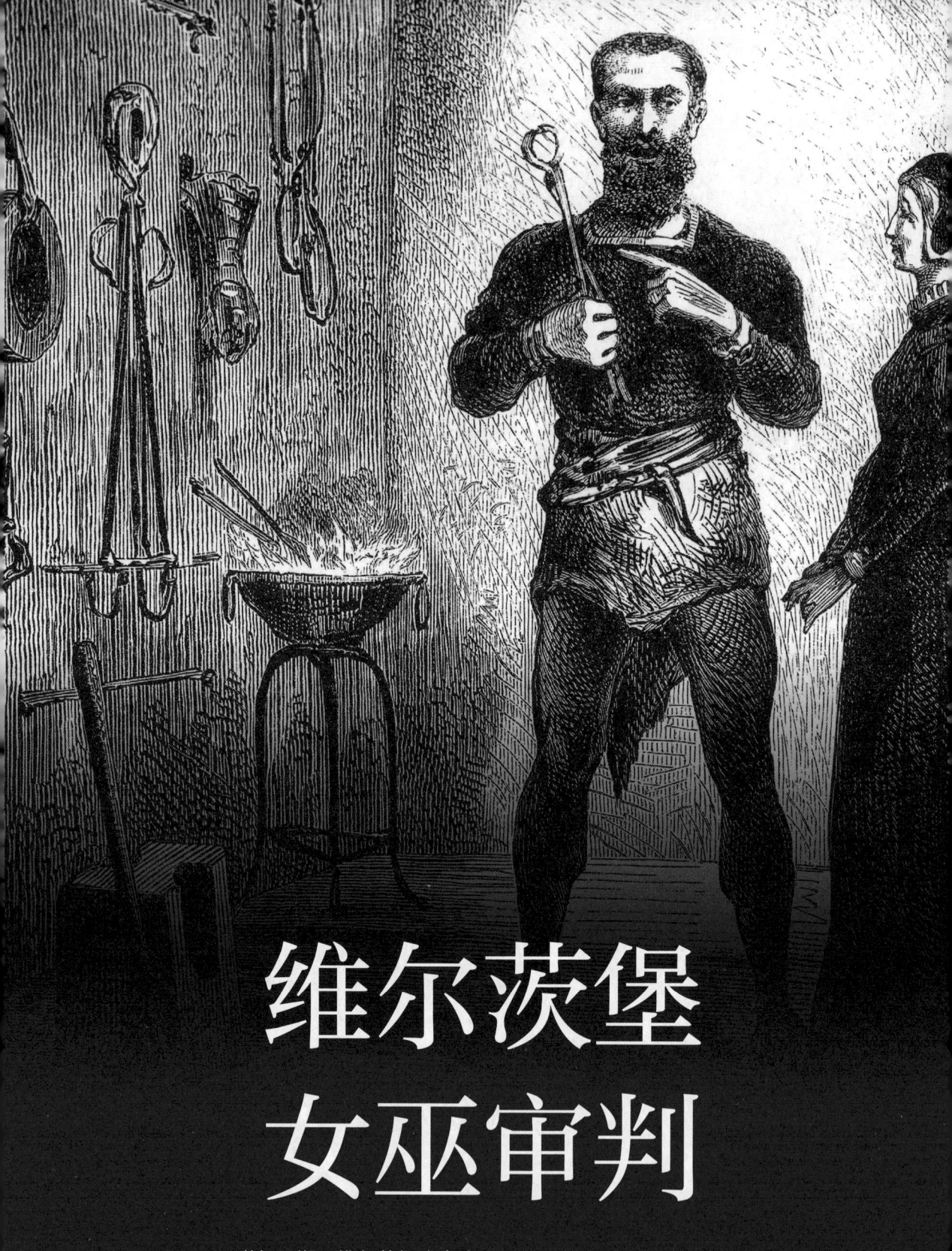

维尔茨堡女巫审判

17世纪早期,维尔茨堡成为史上最残酷的女巫审判所在地之一。

  谈到女巫,大部分人都会联想到年老体弱、穷困潦倒并且佝偻着身子的老妇人形象,上层阶级会指责大龄未婚女性以及目光短浅的乡下人,这些人没有机会证明自己的清白。维尔茨堡女巫审判之后,老人和一些怪人仍然遭到指控,但是富裕阶层与帅哥美女也不再安全,他们也有可能遭到指控。1626 年到 1631 年,帝国城市人心惶惶,人们的情绪都已失控,所有人都有可能被指控、被处以绞刑或者火刑。

  其实,早在 1616 年到 1617 年就有过一段短暂的女巫审判时期,但之后平静了下来,一直持续到 1625 年。与此同时,波西米亚的新教遭到破坏,天主教再次回到了神圣罗马帝国。宗教信仰席卷了这个饱受战争与饥荒困扰的国家,女巫指控案的数量出现飙升。这一时期,死亡与疾病变得稀松平常,人们的宗教信仰受到考验,最终导致了女巫潮,造成了毁灭性的后果。

  耶稣会大主教尤利乌斯·艾希特·冯·梅斯佩尔布伦急于散布反对宗教改革的消息,于是在维尔茨堡引发了第一次大规模的女巫迫害

主教散布的消息得到积极响应，短短3年时间，有10万人选择重新信仰天主教。大主教尤里乌斯的侄子菲利普·艾伦伯格成为欧洲历史上最为残暴的主教之一，在他影响之下，对女巫的迫害也达到了顶点。

菲利普主教欣赏叔叔尤里乌斯迫害女巫的做法，成为了女巫审判的煽动者。在短短8年时间里，仅在维尔茨堡就有约219人被判操纵巫术罪而处死，但是据不完全统计，死者人数应该远远大于该数字，整个神圣罗马帝国约有900人被处死。尽管越来越多的受害者受到指控，但是人们狂热的情绪仍难以平息。人们认为恶魔无处不在，因此各行各业的人都遭此劫难，包括贵族、牧师、医生，甚至还有当选的政府官员。以前，只要有钱就可以免于被指控，但是现在不同了，一旦变得富有就会被怀疑得到了恶魔支持，许多富人因此遭到残忍迫害。美貌也不再是安全的通行证，一位年仅19岁的花季少女长相甜美、纯洁善良，但却被残忍处死。

最令人痛心的是，年幼无知的孩子也在维尔茨堡审判中付出了惨痛代价，年仅7岁的幼童惨遭杀害。这些孩子中绝大多数是贵族后代，富豪家族的继承人，主教菲利普甚至将自己的亲侄子以操纵巫术罪判处死刑。这些例子不是个别现象。一些社区确信这些孩子与恶魔私下勾结，于是将他们斩首或者处以火刑。大部分小孩仅仅因为读了一些诗句或者念了几句咒语就被杀害。在某些情况下，巫童的存在被视为对其父母自身罪恶的惩罚，但操纵巫术的行为通常被认为是这些孩子自身的过错。政府对于年轻人的处罚更加严厉，会根据各自的罪行进行审判。我们经常将女巫审判看作社区的人们团结起来打击社会的流浪者，但是在维尔茨堡，父母们眼睁睁看着他们的孩子在火中挣扎而没有进行任何反抗。

受害者面临多项指控，几乎任何一个理由都足以将他们逮捕。通常这些指控都与恶魔有关，而他们被处决的原因也五花八门，有的涉嫌谋杀、崇拜撒旦，而有的原因则略显荒谬，比如哼唱了与恶魔有关的歌曲。对于挣扎在社会底层的人来说，如果要处决他们几乎不需要什么理由，有32名流浪汉只是因为无家可归，就被残忍杀害。除了维尔茨堡，其他城市也屡次发生冤假错案，嫌疑犯如果不能给出令审问者满意的答案，就要面临灭顶之灾。

> 被处决人的姓名没有记录下来，但却留下了他们的绰号，比如"维尔茨堡最胖的商人"。

嫌犯被严刑逼供，他们的供词成为了判决的主要依据。弗里德里希·斯皮在审判期间担任告解神父，他亲眼目睹了嫌犯遭到毒打不得已供认罪行的过程。这一经历让他受到精神创伤，一夜间头发花白。斯皮对审判结果大失所望，并且认为所有的供词都毫无价值，被判刑的女巫都是无辜的。他还出版了一本反酷刑的书——《女巫审判须知》（*Cautio Criminalis*），这部书对天主教教徒和新教教徒都产生了深远影响。

在维尔茨堡审判中有近900人被处死，无数家庭破裂，无辜的儿童丧生，人民的生活受到重创。菲利普主教逝世后，维尔茨堡由瑞典国王古斯塔夫·阿道夫接管，女巫审判因此结束。然而，维尔茨堡并不是唯一一个受到重创的城市，整个帝国有数以万计的人受到迫害，他们的恐惧与创伤无法短时间愈合。

▲ 战争耗资巨大,导致多国破产,而人们为此也付出了惨痛代价

为什么会发生维尔茨堡女巫审判?

　　维尔茨堡女巫审判是在欧洲三十年战争阴影下发生的,这场审判绝非偶然,而是一种必然。这场战争从 1618 年延续到 1648 年,是人类历史上最血腥的战争之一,也被称为史上最具破坏性的欧洲宗教战争。最初,新教教徒与天主教教徒之间尖锐对立,后来演变成争夺霸权的斗争,欧洲主要国家纷纷卷入了这场国际战争。整个欧洲大陆遭受了严重的饥荒与疾病侵袭,一时间,生灵涂炭,民怨四起,人们的恐惧蔓延到了整个欧洲。随着同盟的形成,国家间分分合合,彼此失去了信任,相互怀疑。

　　国家遭受了巨大损失,人们将不满发泄到了女巫头上,因此出现了女巫审判,并且事态逐渐失去控制。这段时期十分黑暗,宗教信仰受到质疑,人们勉强度日。恶魔和巫术受到排斥,而战争造成大量伤亡更加深了人们对于巫术的责备。受到饥荒和疾病侵袭最为严重的地区常常发生猎巫运动,这绝非偶然,因为人们将这些灾难归咎于一些超自然的原因。所有人谈"女巫"色变,于是人们对这些女巫进行审判,然后将她们处死,想寻求一丝安慰,希望这一系列行动可以缓解战争带来的苦果。

塞勒姆女巫审判

酷刑背后的真实故事。

―――― *1692年9月22日* ――――

马萨诸塞州殖民地的塞勒姆镇蔓延着巫术恐慌，当地人聚在绞架山准备共同见证新一轮的女巫审判。8名嫌犯被扣押在马车上带到了审判现场，这8人中有的是邻居，有的是亲戚朋友，这也使审判变得越发复杂。这8人为玛莎·科里、爱丽丝·帕克、玛丽·帕克、玛格丽特·斯科特、玛丽·伊斯提、安·普蒂特、维尔莫特·里德和萨缪尔·瓦德维尔，她们触犯了操纵巫术罪。

> 塞勒姆人民完全相信恶魔的存在，允许对女巫进行指控。

她们在被处死之前也遭遇了一番波折，很多人为她们说情，但是没有任何作用。玛莎·科里临死前诚心祷告，玛丽·伊斯提在被处以绞刑前向那些为她流泪的人们告别。但是其他嫌犯没有任何举动，围观群众称她们为"地狱暴徒"。

幸运的是，这次将会是最后一次审判，最后一次看到女巫被残忍处死。无论是控告者还是嫌犯，他们都想弄明白这场审判的来龙去脉。

分裂的村庄

塞勒姆的每个人都受到女巫审判的影响

玛丽·惠特里奇
罗杰·托斯克,在审判前可能死于酷刑或虐待
汉娜·泰勒
老威廉·巴克

乔布·图克
丽迪亚·迪斯汀被判无罪但在狱中死亡
玛丽·格林,逃走了
爱德华·法灵顿
小尼希米·阿博特
小威廉·巴克
玛丽·马斯顿

莎拉·奥斯本在受审前死于狱中
阿瑟·阿博特
玛丽·巴克
莎拉·比绍普
弗朗西斯·戴恩,马萨诸塞州安多弗市的牧师

阿比盖尔·巴克
玛格丽特·普林斯
莎拉·克洛伊斯,是丽贝卡·纳斯和玛丽·伊斯泰的妹妹
阿比盖尔·罗
爱德华·比绍普
老约翰·波特
瑞秋·克林顿

莎拉·里斯特
莎拉·斯威夫特
约翰·布拉德斯特里特
爱德华·比绍普三世
斯蒂芬·约翰逊

老贝西亚·卡特
吉尔斯·科里被压死
老阿比盖尔·福克纳被赦免
小玛丽·布里奇斯

凯特琳·比斯
伊丽莎白·迪瑟
老玛丽·莱西,认罪后被赦免
玛丽·拉西伯里逃走了
约翰·布斯,缅因州威尔斯牧师

小托马斯·开利
威廉·普罗克特
布里吉特·毕晓普
苏珊娜·马丁
小贝蒂亚·卡特

小玛丽·布里奇斯
伊丽莎白·普伊
丽贝卡·纳斯
乔治·雅各布斯
莎拉·巴克利

梅西·沃德维尔
提图芭
伊丽莎白
布兹(18岁)
玛莎·科里
丽贝卡·迪克

莎拉·布里奇斯
菲比·戴
莎拉·加尔德斯
伊丽莎白·哈伯德(17岁)
梅西路·易斯(17岁)
伊丽莎白"贝蒂"帕里斯(9岁)
约翰·普罗克特
莎拉·科尔
多萝西·福克纳

梅海塔布尔·唐宁
达德利·布拉德斯特里特
乔治·雅各布斯
小安·普特南(12岁)
玛格丽特·法尔(年龄未知)
苏珊娜·谢尔顿(18岁)
梅西·肖特(15岁)
约翰·威拉德
老托马斯·法雷尔被释放前在波士顿监狱呆了7个月

莎拉·迪斯汀
莎拉·沃德韦尔,认罪后被赦免了
玛莎·斯普拉格(16岁)
玛丽·沃尔科特(17岁)
玛丽·沃伦(20岁)
阿比盖尔·威廉斯(11岁)
约翰·威拉德
德丽丝·帕克

爱德华·法灵顿逃走
玛丽·伊斯特
玛格丽特·雅各布斯

丹尼尔莉迪亚·埃姆斯
玛丽·斯克
安·福斯特,在拘留期间去世
尤尼斯·弗莱

雷切尔·文森
安妮·布拉德斯特里特
莎拉·古德
伊丽莎白·霍尔奇斯基被赦免绝对怀孕了
小莎拉·霍克尼

以斯帖·埃尔韦尔
老塞缪尔·瓦德威尔
威尔莫特·雷德
多卡斯·古尔"极短汉玛"并赦免了
莎拉·黑尔,马萨诸塞州贝弗利市牧师约翰·黑尔的妻子

小约翰·奥尔登
玛格丽特·普林斯
伊斯雷尔·波特
丽贝卡·雅各布斯

希西家·厄舍二世
小乔治·雅各布斯
詹姆斯·豪,是伊丽莎白·豪的丈夫
丹尼尔·安德鲁
老伊丽莎白·约翰逊

阿盖尔·罗
玛丽·泰勒
汉娜·珀斯特
安·福斯特

小托马斯·卡里尔
老威廉·巴克
爱德华·伍兰

小阿比盖尔·福克纳
小玛丽·莱西,是老玛丽·莱西的女儿,安·福斯特的孙女
玛丽·罗
伊丽莎白·迪瑟
玛丽·图坦克,罗杰·图塔克的妻子,也是丽莎·卡里尔的妹妹
苏珊娜·珀斯特

玛丽·罗
莎拉·卡里尔
弗朗西丝·哈钦斯
琼·彭尼
莎拉·威尔逊

玛丽和菲利普英格力士
苏珊娜·鲁斯特,或被释放或被判无罪
多萝西·古德,莎拉·古德的女儿
玛丽·布莱克,是一个奴隶,她被逮捕并被起诉,但从未被跟踪

马萨诸塞州州长威廉·菲普斯爵士的夫人玛丽·菲普斯
伊丽莎白·哈钦森·哈特被判入狱,在她的儿子托马斯代表她提出上诉后,在第7个月被释放
梅茜,莎拉·古德的女儿,在她母亲被处决前一段时间出生在监狱,但不幸也死在了监狱里
玛格丽特·希夫·萨彻尔,乔纳森·科温的岳母

■ 标白　■ 标红　■ 标黄

1692年2月,塞勒姆镇上11岁的阿比盖尔·威廉姆斯和9岁的的贝蒂·帕里斯得了一种怪病。她们受尽病痛折磨,周围的人们看到这些遭遇也痛心地流下眼泪。女孩们会有一些奇怪的举动,比如有时会说不出话来,就好像被一种神秘力量扼住了喉咙,而且会出现刺痛感,身体会不受控制地抽搐。

无奈之下,贝蒂的父亲塞缪尔·帕里斯牧师开始为她们寻求药物治疗。然而,医生的检查结果非常不乐观,无法用药物医治她们。

这件事把帕里斯一家人弄得心烦意乱,塞勒姆镇上的另外两个女孩安·普特南和伊丽莎白·哈伯德也开始出现相同的症状。当地居民对这件事议论纷纷时,玛丽·西布利决定采取行动。她吩咐帕里斯的黑人女奴隶提图芭准备一个"女巫蛋糕"。将黑麦和患病女孩的尿液混合在一起进行

> 多萝西的证词将自己的母亲定罪,那时她只有4岁。

▲ 被告受审时,受害女孩出现在法庭上

▲ 塞勒姆村陷入混乱，邻居们借此机会互相指责

烘烤，然后将"蛋糕"喂给家犬，并仔细观察其行踪，这些迹象将确定女孩受难的原因。毫无疑问，提图芭对于参与此事一定充满了悔意。吃完"蛋糕"后，女孩们大声喊叫，称提图芭对她们下了咒。

当帕里斯牧师发现这一切后，惊恐万分，他觉得巫术与恶魔都威胁着社会，于是他将目光瞄向了自己的女奴隶提图芭。当被质疑时，提图芭否认自己是女巫，也否认伤害了两个女孩，但为时已晚。两个女孩一口咬定是提图芭，还控告莎拉·古德与莎拉·奥斯本为提图芭的共犯。

在受到指控后，这三个人在塞勒姆最大的礼拜堂接受了约翰·霍桑的审讯。镇上的人将礼拜堂围得水泄不通，想听听女巫会说什么。受审期间，三个人尽管很害怕，但是据理力争，努力证

▲ 吉尔斯·科里遭到"压刑",审判员想逼他辩护,但科里拒绝,最终惨死

手指,莎拉·奥斯本有两个灵物帮手,其中一个长相奇怪,全身长满毛发,另外一个长着女人的头、腿以及一双翅膀。

几位受到病痛折磨的女孩向在场的人们描述着自己的疼痛,但是当提图芭发言时,这几个女孩静了下来,疼痛缓解了。然而,她们只是稍微得到喘息,当提图芭结束发言后,她们又开始受到病痛折磨。提图芭称这一切都是莎拉·古德造成的,这些痛不欲生的女孩接受了她的观点。审讯一度陷入混乱。人们离开礼拜堂时,心里仍有诸多疑惑。

接下来的几周,这几位女孩继续遭受病痛折磨。更糟糕的是,在很短的时

明清白。莎拉·古德称自己什么也没做;莎拉·奥斯本也否认了罪名,并指出如果恶魔的魂魄进入她的体内,然后伤害他人,那么她就不应该受到指责。最后轮到提图芭,她竟然承认自己操纵巫术伤害了其他女孩。

提图芭对围观群众称自己无意伤害女孩,但是接到莎拉·古德与莎拉·奥斯本的命令后,她不得已而为之。提图芭详细地描述了她的两个同伙如何利用灵物来操纵巫术。莎拉·古德让一只黄色小鸟吮吸她的

> 陪审团判定瑞贝卡·诺斯是无辜的,一旦有人抗议,陪审团将改判。

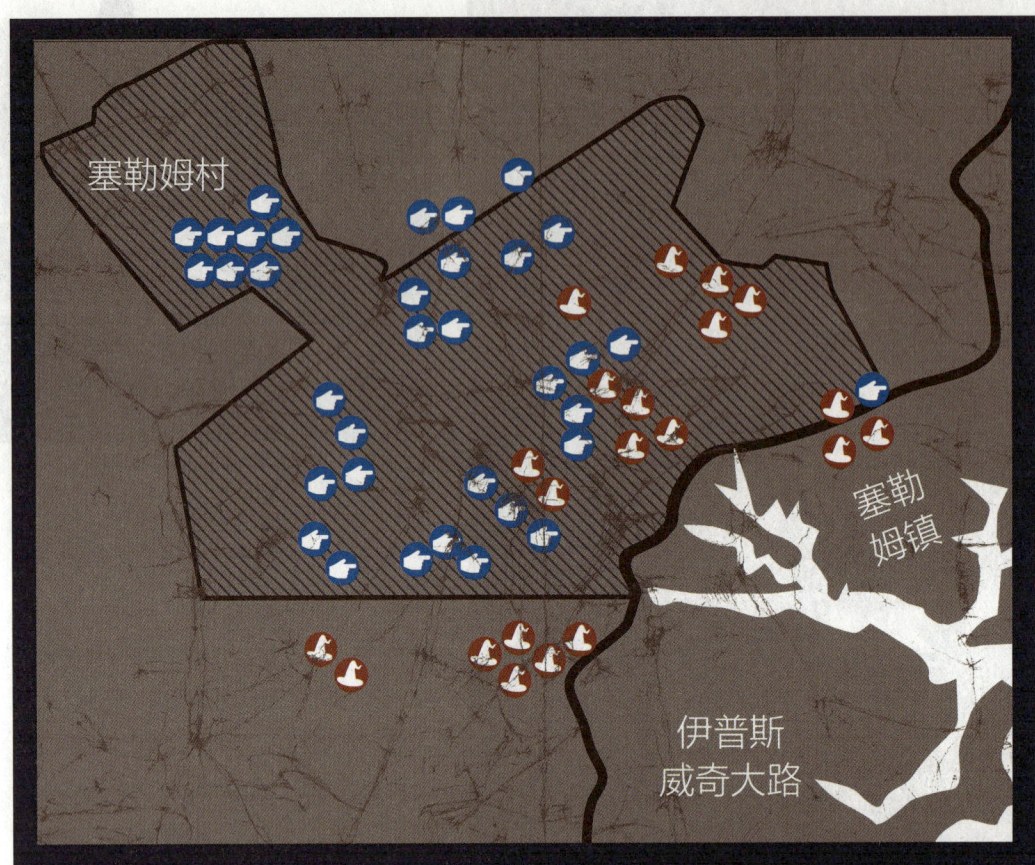

新旧之争是否导致了女巫被害？

在女巫审判时期，塞勒姆地区分为塞勒姆村与塞勒姆镇，塞勒姆村由具有传统价值观的家庭组成。而塞勒姆镇在过去的 20 年里，出现了一大批企业家。生活并不太富裕的农民与店主、商人及懂得市场运作的农民之间关系很紧张。值得注意的是，第一起女巫指控发生于塞勒姆村，而被告则来自塞姆镇郊区。女巫审判是陷入困境的农民反抗新兴阶层的结果吗？

被告
原告

间内，有更多的女孩开始出现类似的奇怪举止。玛莎·科里、多萝西·古德（莎拉·古德4岁的女儿）以及年老的瑞贝卡·诺斯等人也遭到指控并被逮捕。提图芭继续供认，称自己曾用鲜血在恶魔的书上签字，并且在书上也看到了莎拉·古德和莎拉·奥斯本的签名。整个3月和4月，指控和逮捕数量激增。

在一片混乱中，威廉·菲普斯爵士被任命为新一任马萨诸塞州州长。5月14日，菲普斯上任，但当时整个州已经陷入极度混乱，这令他惊慌失措，至少有38人因涉嫌操纵巫术而入狱。凭借良好声誉和政治权力，州长菲普斯成立了一个由9位法官组成的高等刑事特别法庭，用来审问巫师案。这个消息使塞勒姆地区的人们感到满足和欣慰，因为那些制造祸端的人终于可以受到惩罚。然而，指控并没有减少，反而出现了大幅增加，逮捕了更多嫌犯。6月2日，高等刑事特别法庭一审，有62人被逮捕。

▲ 牧师乔治·伯劳斯因天生神力而受到指控

为何会发生这一切？

以下这些可以解释女巫指控爆发的原因

上帝之手
塞勒姆人民认为，女巫审判是对那些不遵守上帝旨意的人的一种惩罚。他们犯了罪，因为他们对世界"过分热爱"，上帝让恶魔欺骗他们去指控和处死自己的邻居。

诈骗
这是早年间流传的一种观点，女孩们在欺骗别人。她们希望通过"痉挛"和其他痛苦来获得关注，赢得地位。

迷幻之旅
女孩出现的症状可能是由麦角菌病或黑麦中毒引起的。一个村民吃了受过污染的黑麦制成的面包，出现痉挛和抽搐症状。

印第安人的恐慌
第二次印第安人战争与塞勒姆审判有相同之处，人们对女巫的恐惧可能源于印第安人对边界发动的袭击。在塞勒姆女巫审判中，受到指控的几个女孩都是来自战区的难民。

歇斯底里
这些女孩可能确实患有歇斯底里症：由于年龄和生活状况的改变使得体内荷尔蒙与身体发生变化，并且又生活在一个极其动荡的时期，所以她们出现痉挛是身心压力的一个表现。

生物病原体
身体疾病可能与此有关。有资料显示，塞勒姆地区的动物也出现了与女孩相同的怪异症状，并且这些症状与流行性脑炎有关。

厌女症与镇压
在塞勒姆被指控和处决的妇女中，有一些是掌握大量财产的女性，她们被认为不正常，这些"独立"女性被视为对父系社会的威胁，因此要被铲除。

布瑞奇·比绍普第一个接受审讯。和当时所有的嫌犯一样,她的处境极其不利,一旦进入审判,就一定会被判刑。布瑞奇·比绍普比其他嫌犯更加担忧,因为这已经不是这位结婚三次的妇女第一次被指控操纵巫术了。她的第二任丈夫托马斯·奥利弗在世时就曾指控过她,有传言称,比绍普曾操纵巫术谋杀了至少一任丈夫。尽管她曾经侥幸逃脱,但塞勒姆地区的女孩提供的证据足以给她定罪。她们说,比绍普死后将变成幽灵来报仇,会用掐或戳的方式折磨她们,甚至威胁要淹死其中一个女孩,因为这个女孩不愿意在恶魔的书中签上比绍普的名字,不愿意为比绍普做无罪请愿。

法庭上,人们亲眼目睹了比绍普的罪行。只要比绍普向女孩们瞥一眼,她们就会发作,哭喊打闹。有人说在灵魂出窍的过程中比绍普的外套被撕破了,于是当场检查了她的外套,发现果然有一处裂口。比绍普在辩护时发誓,她这辈子从来没见过这些女孩,自己是清白的。但是,一切都无济于事。二审维持原判,判处其死刑。6月10日,比绍普被处以绞刑,她是塞勒姆女巫审判中的第一位受害者。

法院休庭,法官向塞勒姆最著名的牧师寻求审判建议,这时人们狂热的情绪暂时得到缓和。神学家科顿·马瑟的大名总是与塞勒姆发生的悲剧联系在一起,他写了一本关于女巫审判的书。书的开篇采用了谨慎的话语,主张在有证据的情况下寻求"极致谨慎",以防被做手脚,受到欺

▲ 吉尔斯·科里拒绝以巫术罪名接受辩护

尽管大多数被告是女性，但在审判期间也有5名男子被处以绞刑

审判数量

塞勒姆女巫审判中，有 19 人被处以绞刑。

54 塞勒姆女巫审判中，有 54 人承认自己操纵巫术。

12 1692 年之前，在新英格兰有 12 人被判操纵巫术罪，受到处决。

132 嫌犯中有 132 人是女性。

年表：在塞勒姆审判期间，迫害女巫事件的数量飞速增加

● 1692 年 1 月至 2 月中旬
库辛斯·阿比盖尔·威廉姆斯和贝蒂·帕里斯得了一种怪病。当地医生诊断后，称他们受到了巫术诅咒，并用女巫蛋糕来证实了这一结论。

● 3 月
莎拉·古德、莎拉·奥斯本和提图芭遭到逮捕，她们在拥挤的礼拜堂前接受审讯。提图芭称自己是在另外两人的胁迫下才施展巫术的。

● 4 月
越来越多的塞勒姆居民被指控与恶魔私下勾结，一时间对于巫术的恐慌蔓延开来。塞勒姆前牧师乔治·伯劳斯也被这些女孩指控。

● 5 月
乔治·伯劳斯被捕，莎拉·奥斯本死于监狱。新到任的州长威廉·菲普斯命令建立女巫法庭，以审判有关巫术的指控。

骗，特别是面对那些之前有着良好声誉的人。但是在书结尾处又否定了谨慎的态度。牧师明确表示，女孩所遭受的苦难是极度痛苦的，必须不惜一切代价进行抑止，用他们自己的话说，他们不得不谦虚地向政府提出建议，对这些活动进行迅速坚决的起诉，按照上帝的律法指引，然后根据英格兰民族的健康法规，以此来检测巫术。

大法官纳撒尼尔·萨尔顿斯托对比绍普的

> 乔治·伯劳斯在绞刑架上朗诵了主祷文：这被认为是恶魔把戏，伯劳斯被处以绞刑。

处决感到厌恶，所以决定从法院辞职，但这并没有影响女巫案的审判，法院于6月底重新开庭。法官们马不停蹄地开始了工作，莎拉·古德、伊丽莎白·豪伊、苏珊娜·马丁、莎拉·王尔德和年老的瑞贝卡·诺斯受到审判，她们被判死刑，在三周后被处以绞刑。8月5日，又有6人被判死刑。8月19日，伊丽莎白·普罗克特因为怀孕，法院推迟了对她的审判。这些受害者被开除教籍，

▲ 吉尔斯·科里拒绝以巫术罪名接受辩护

● **6月**
女巫法庭首次开庭，布瑞奇·比绍普成为第一个在法官面前接受审判的女巫。比绍普被判有罪，在绞刑架山上被处以绞刑。

● **7月**
莎拉·古德、伊丽莎白·豪伊、苏珊娜·马丁、莎拉·王尔德以及71岁高龄的瑞贝卡·诺斯被判处操纵巫术罪，然后被绞死在绞刑架山上。

● **8月**
不断有年轻女孩受到病痛折磨，又有6名塞勒姆村民被处以绞刑。其中5人死亡，只有伊丽莎白·普罗克特因怀孕逃过一劫。

● **9月**
又有多人被判处死刑。吉尔斯·科里在拒绝认罪后被石头压死。月底，绞刑架山结束了最后一起女巫判决。

● **1693年1月至5月**
新成立的高等法院开庭，对仍关押在监狱中的嫌犯进行审判。除5起案件外，其他所有指控均被驳回或宣判被告无罪，由州长亲自赦免。

▲ 这一时期，审判不符合事实而且不准确

逐出教会。她们的尸体不能被正常埋葬，只能浅埋在坟墓中，受到万物打扰，不得安心入眠。除非他们的家人可以趁着夜色将尸首埋葬。

在塞勒姆人民看来，他们永远无法摆脱施加在他们身上的诅咒，无论他们多么警惕地试图铲除恶魔，总会出现更多的女巫。9月，情况依旧很糟糕。9月17日，又有18名女巫被起诉，其中9人被判死罪，处以绞刑。但是，81岁高龄的吉尔斯·科里拒绝承认一切指控。早在4月，他就曾遭到指控。这段日子里，他一直在监狱中苦苦挣扎。尽管许多人给出了证据，但是没有人可以说服他认罪。因此，根据法律，科里被判处死刑，并处以最严酷的惩罚方式——压刑，将巨石堆放在死刑犯的胸部，直到被压死。但是科里

拒绝讲话，两天后就死了，直到死他也没有承认有罪或者证明自己清白。

9月22日，塞勒姆镇上的老百姓共同目睹了最后一场审判。尽管拯救8名受害者为时已晚，但随着10月到来，人们异议的声音逐渐多了起来。在那些反对女巫审判的人中，牧师因克里斯·马瑟反对在塞勒姆女巫审判中使用"影子证据法"来鉴别女巫。州长菲普斯可能受到妻子玛丽·菲普斯夫人被指控的影响，于是重新考虑审判流程，并于10月向中央政府提出了建议，要求停止女巫审判。在州长菲普斯等待中央答复期间，他停止了一切抓捕行动，并解散了审判女巫的高等刑事法庭。

> 在临死前两天，吉尔斯·科里只吃了三口面包，喝了一些水。

1693年1月,威廉·斯托顿开始接管新的法庭,他曾在早期女巫审判中起到了重要作用。新法庭的任务很明确:大赦所有在押的巫术嫌疑犯并终止所有审判。在接下来的几个月中,大多数嫌疑犯都被判无罪。只有3个人不是很幸运,被判死罪。州长菲普斯对女巫审判十分反感,他否决了大法官斯托顿,不仅赦免了3名死刑犯,还赦免了所有关押在监狱的嫌疑犯。这场臭名昭著的审判终于结束了,笼罩塞勒姆的巫术阴云终于散去。

提图芭是女巫审判中第一个被关押起来的人,到了审判结束时,才被放出。提图芭被囚禁了一年多,当她重见天日时,她没有感到轻松,相反,她的处境很艰难。她的未来充满着未知,她的老主人牧师帕里斯拒绝支付监狱费用,并将她卖给了愿意负担这笔费用的人。

破碎的塞勒姆正在慢慢重建,人们也逐渐从痛苦中走出来。那些被卷入灾难的人,有的人表现出忏悔,而有的人则声称正义得到了伸张。1697年1月的斋戒日上,塞缪尔·塞维尔为自己的错误道歉,陪审团中的其他十几个人也向人们请求宽恕。在随后的几十年中,所有被赦免的死刑犯都要上交请愿书,但是直到2001年,也就是女巫审判事件发生300多年后,所有受害者才被宣布无罪,恢复了名誉。但我们永远都无法得知他们是否会安息。

▲ 在1845年出版的《美国绘画史》(*History of the Vnited States*)中对塞勒姆女巫审判轻描淡写

▲ 玛莎·科里是最后几个死于巫术的人之一

理性与正义：巫术的法制史

教会和王室对巫术的看法发生着变化，这也影响着人们对犯罪和惩罚的看法。

珍妮特·霍恩被脱光衣服，浑身涂满柏油，在多诺赫游街示众，然后在1727年被处以火刑。霍恩因操纵巫术被残忍处决，这也标志着不列颠群岛的最后一例女巫审判案的结束。

霍恩被邻居指控，她把手脚残疾的女儿当作马骑着去与撒旦幽会，并让撒旦为她的女儿钉了蹄铁。郡法官认为这似乎是对她女儿手脚畸形的唯一解释，因此，判处母女俩死刑。所幸她的女儿成功逃走。

霍恩的判决是根据两个世纪以来议会颁布的一些立法宣言，以及涉及巫术罪行的教宗诏书来共同决定的。最终，法律上对于巫术采用了一种积极的观点，淡化其邪恶的目的。多年来，巫术被视为一种异端。

神秘主义试图解释自然现象，魔术师、萨满、占卜者、卦师和巫师，存在的时间与人类历史一样长。据说，古埃及的《死亡之书》中记载了咒语。古希腊与古罗马文明也认可巫师的存在。在中世纪，基督教与巫师之间的敌意不断加深，到15世纪末期，这种观点迅速传遍整个欧洲。1484年12月5日，教皇英诺森八世发布名为《最高的希望》的宗教诏书，该诏书可视为具有法律效力的巫师追缉令，由此拉开了欧洲近两个世纪的巫师迫害史。这道诏书是在

▲ 图为1589年发生在切尔姆斯福德的女巫审判，有三名女性被处以绞刑

多米尼加修道士兼审判长海利奇·克拉马与雅各布·史宾格的请求下写成的。教皇英诺森八世批准两位审判长开展猎巫行动，坚称巫师导致妇女大量流产与粮食歉收，同时他们还与恶魔密切往来，甚至崇拜撒旦。

紧接着，1486年《女巫之锤》出版。这本书成为了猎巫指南，书中重新定义了巫师不同于常人的特征，称巫师会对社会造成巨大威胁，需要根除。在之后的80年里，《女巫之锤》再版13次。整个欧洲笼罩在女巫的阴影之下，猎巫运动在英格兰、苏格兰和爱尔兰地区陆续展开。

国王亨利八世在统治期间，颁布了《1542年巫术法案》，在法案中将巫术定为重罪，可处以死刑。1563年，在女王伊丽莎白一世统治时期，第二部《巫术法案》出台，其中对巫师罪行做了更为具体的规定，操纵巫术导致他人

> 1616年发生的一起案件中,一名13岁的孩子指控15名女性念咒招魂,至少有9人被处以绞刑。

死亡属于重罪,应判处死刑。同年,苏格兰一项巫术法案中规定,任何操纵巫术或寻求巫师帮助的人都将被判处死刑。

詹姆斯一世登上英格兰王位,成为英格兰詹姆斯一世和苏格兰詹姆斯六世后,于1604年颁布名为《反对咒语和巫术以及对付恶魔法案》的巫术法案,规定操纵巫术与勾结恶魔属于死罪。1649年,在一系列维护对上帝敬畏之心的浪潮中,苏格兰长老会扩充了1563年颁布的《巫术法案》,将那些向恶魔或其他灵物咨询的人处以死刑。有一个神秘规定,如果巫术嫌犯可以读出《圣经》中的一部分,就可以免受火刑与绞刑。

18世纪初,启蒙运动在科学、医学、技术、哲学领域以及批判性思维方面取得了长足进步。在英国,启蒙运动也对巫术和巫师的看法有着深远影响。1735年颁布的《巫术法案》中体现了一种修正主义的态度,法案中认为操纵巫术或者与恶魔私下勾结几乎无法得到证明。但是,该法案中规定,那些代表顾客与死者通灵、预测未来或者打法律擦边球的巫师都会被当作骗子起诉,将判处流放罪。英国之前通过的所有《巫术法案》被废除。

1735年颁布的《巫术法案》成为英国王法,沿用了216年,直到1951年才被废除。

▲ 灵媒海伦·邓肯是英国最后一位被1735年颁布的《巫术法案》判刑的女巫

最后的犯人

传说在海伦·邓肯很小的时候,她就已经显示出与常人不同的天赋,成年后,邓肯开始主持降神会,她的嘴里会释放出一种白色纤维物质,而这种物质能够让灵魂显形,并且与之交谈。分析报告证实,这种产生异能的物质是包括粗棉布和蛋清的混合物。在1933年举行的一次降神会上,邓肯在尝试与死者沟通时出现了幻影,人们质疑她的通灵本事,于是被指控虚假通灵,罚款10英镑。

尽管邓肯多次被英国政府盯上,但在1941年11月英国朴茨茅斯举行的降神会后,她才真正引起了政府警觉,当时英国卷入了第二次世界大战。在诉讼过程中,邓肯透露,她曾"召唤"到一位士兵的灵魂,这位士兵的灵魂声称,他已经随着英国著名的战舰"巴勒姆号"永沉海底。但是,出于战争的需要以及维持军民士气,英国军方在事后很长时间,都没有透露战舰沉没的消息,战舰沉没仍属于政府机密,只有死者家属才得到通知。海军参加了之后举行的降神会,收集到足以证明邓肯是骗子的证据。邓肯于1944年被捕,根据1735年颁布的《巫术法案》第4条被起诉。1944年,海伦被判9个月有期徒刑,成为英国最后一位被《巫术法案》判刑的女巫。

女巫审判的终结

席卷欧洲的女巫审判终于结束了,究竟是什么导致了这场运动的结束?

整个 17 世纪,欧洲的女巫审判数量慢慢减少,最后无人可审,彻底结束。大幅度减少出现在 17 世纪下半叶。其间,也有一些地区发生了规模较大的审判,其中包括马修·霍普金斯在英格兰内战时期的审判、1682 年比迪福德女巫审判以及发生在 17 世纪最后十年的塞勒姆女巫审判。在女巫审判最后时期,一共约有 6 万人被处死。

尽管女巫审判持续多年,但刚开始时,人们还是对女巫和巫术的存在持怀疑态度。早在 16 世纪,曾有一小群敢于表达意见的人拿起来笔来呼吁停止这一暴力行为,这些人不同程度地表达了内心的沮丧、愤怒和不安,埋下了终结女巫审判的种子。

1584 年,在圣奥西斯女巫审判后,雷金纳德·斯科特出版了《巫术的真相》一书。这本书对后来的女巫审判有着重要影响,书中质疑巫术的存在,认为人们指控巫术是出于一些荒谬的信念。斯科特认为,上帝根本不可能让女巫拥有这种能力。那些被指控的

> 在波兰,女巫遭到疯狂迫害,直到法律正式将巫术合法化后,这一情况才有了好转。

▲ 根据书中描述，女巫信仰一直持续到了18世纪

最后的女巫

哈特福德郡沃克恩的简·温汉姆是一位老妇人。17岁的安妮·索恩最初被指控迷惑了查普曼的仆人，然后挺身而出，对温汉姆提出了一系列指控，使得当地人对温汉姆议论纷纷。对温汉姆的审判有着早期猎巫运动的特征，她被指控造成他人痉挛，设计出令女孩呕吐的针，并且将安妮变成一只猫，对其折磨。随着事态逐渐失控，老妇人受尽嘲笑，遭到人身攻击，沃克恩对于女巫的抗议达到白热化。

人们对温汉姆的看法不一，这也说明了一方面根深蒂固的超自然信念依然存在，另一方面启蒙运动引发了人们的质疑，试图根除超自然信念。温汉姆的案子激起了一场关于她的罪行以及巫术问题的批评热潮，这促成了1735年《巫术法案》的通过。

幸运的是，审判温汉姆案件的是法官约翰·鲍威尔爵士，他对案件持怀疑态度。虽然他极力主张宣布温汉姆无罪，但是陪审团却宣判其有罪。最终，温汉姆赢得了上诉，得到了王室的赦免，理性战胜了所有谬论。

人大多是无辜的，受到了恶意指控或者被骗了，他们应该得到同情，而不是恐吓。如果他们真的对他人造成了伤害，也只是通过一些简单的方法，比如投毒。因此，如果巫术不存在，就不可能对这些嫌犯施加罪名。约翰·韦尔同样质疑欧洲的猎巫行动，并且对严刑逼供的正当性提出疑问。如果嫌犯的供词是在严刑拷打之下得来的，那么这些话可以相信吗？这些都是关心猎巫运动的人提出的问题。

这些观点引起了一丝不安，无神论者趁机四处宣扬，否定了一切神灵。但是，这些充满争议的话题却令评论者恼火，随着几十年来的发展，问题变得非常清晰，如何证明伤害是通过超自然方式造成的，即使可以确定超自然能力的存在，那么如何确定抓到的女巫就是施展巫术的女巫？

值得注意的是，最初并不是因为人们普遍对女巫或巫术的存在产生质疑，而是因为需要证明女巫或巫术所造成的伤害，才导致欧洲的审判数量逐渐变少。因为证据很难获得。很显然，社会需要一套新的证据规则，随着欧洲法律体系的发展与完善，与巫术有关的证据更加不具有说服力。欧洲的平民百姓认为的证据已经不被社会精英接受。

哲学和科学思想的转变引发了欧洲启蒙运动。到17世纪末，这些变化显而易见，人们相信自然法则，不再迷信巫术，对于祈祷也不抱太大希望，转而相信一个更加世俗的信仰体系，以前那个充满迷信的世界不复存在了。

社会各个方面都需要实验性证据，尤其在巫术指控方面。威廉·哈维解剖了一只与女巫为伴的蟾蜍，以此来证明它与其他蟾蜍并无区别，这件事充分证明欧洲人的思维方式和学习方式已经发生变化。一旦对魔法和巫术进行审查，人们就开始提出各种问题。整个信仰体系和对女巫的指责开始破灭，最终不复存在。较早通过的法案，如《1604年巫术法案》，开始帮助英格兰建立新的信仰体系，并将与恶魔和女巫勾结的罪名纳入了英国的巫术立法，这项控告也需要提供证据，但显然很难做到。

在新思潮中，韦耶和其他早期反对使用酷刑的人终于得到了支持。人们对于官方发起的和民间自发进行的酷刑表示反抗。人们对于文学作品的辩论和讨论也使得欧洲的知识分子进入了大众视野。不同宗教都发表了意见，耶稣会成员和新教教徒都谴责使用不正当的手段来获得证据。讨论取得的结果是，减少在女巫审判中使用酷刑，这样一来，指控和处决也会相应减少。

> 1735年，英格兰通过了《巫术法案》，当时仅有一人反对。

▲ 进入17世纪，严刑逼供越来越受到质疑，在一片反对声中，酷刑被废除

宗教思想的转变也让人们更加反对女巫迫害。此时人们认为，罪孽深重的"女巫"应该是占卜师或投毒者。猎巫者的信条不再坚定，一方面搜集证据至关重要，另一方面现在整个猎巫运动和女巫审判都受到了质疑。对恶魔和其能力的信仰同样受到挑战，撒旦和那些为撒旦卖命的人地位下降，因为大家意识到撒旦能力有限，无法拯救它的手下。曾经，撒旦的能力无人能及，并可以赐予手下能力，但是现在，它成为了一个骗子。人们无法再信任撒旦或者与它有任何关系的人，这为立法奠定了基础，也加速了女巫审判的结束。

当然，也不能忽略社会、经济和政治问题在终结女巫审判中发挥的作用。随着条件的改善以及进行的立法和政治改革，这种不稳定因素正在减少，这也是造成女巫审判数量下降的原因之一。最初展开猎巫运动的原因，例如贫穷、通货膨胀、高死亡率、粮食歉收、战乱和饥荒等，也随着18世纪的到来出现好转，人们生活水平提高，社会趋于稳定，对女巫的迫害现象也有所减少。因此，在理性、科学、政治、社会和经济等因素共同作用下，欧洲最黑暗的时刻得以终结。

宗教思想的转变也让人们更加反对女巫迫害。

▲ 安娜·果尔迪，欧洲最后一位被处死的女巫

在 17 世纪之前，欧洲各地的女巫问题都被贴上官僚主义。1682 年，法国王室下令使巫术合法化。随后，普鲁士在 1714 年作出相同举措，英国也在 1735 年立法，反对女巫审判。

进入 18 世纪，许多国家陆续将巫术合法化，奥地利哈布斯堡帝国、俄罗斯帝国和波兰分别于 1766 年、1770 年和 1776 年通过立法。瑞典是仍将巫术视为罪行的几个中欧国家之一，直到 1779 年，反对女巫审判的法律才得以通过。

虽然表面上终结了女巫审判，但是实际生活中又是另外一番景象。刚开始，只有波兰和瑞典完全将巫术合法化，彻底结束了女巫审判。在其他地方，如果仔细审查，从法律上来讲，仍然可以起诉女巫并进行处决。法国是最早宣布反对巫术的国家之一，在一个世纪后的 1791 年才完全将巫术合法化。神圣罗马帝国符腾堡州直到 1805 年才真正结束女巫审判，西班牙仍然会起诉极个别一些操纵巫术的人，直到 1820 年才真正结束了审判。在英国，巫术直到 20 世纪中叶才被真正认可。

尽管社会上层人士很容易就接受了巫术合法化，但对于全体人员来说，立马改变想法，改变对待女巫的态度并非易事。整个欧洲都通过了立法，但老百姓的反响达不到上层人士的期待。在许多地区，人们仍然相信女巫和恶魔很强大，认为女巫是恶行的罪魁祸首，有时，被怀疑的女巫仍可能遭到指控者的毒打，后果很严重。

> 安娜·果尔迪遭到酷刑，被迫承认与恶魔私下勾结：尽管她翻供，但仍然被残忍处死。

直到 19、20 世纪，人们依然对于女巫有着一丝丝恐惧，那些符合女巫形象的女性仍被称作"女巫"，并被指责给受害者带来了不幸和疾病。英格兰西南部经常发生这种情况。尽管 1735 年颁布的《巫术法案》将信仰巫术列为一项罪名，但施暴本身不属于犯罪，新闻对类似袭击和控告也多次进行报道。在颁布《巫术法案》之后的一个半世纪里，英格兰应该远离了巫术，但事实上发生了数起可疑女巫被抓挠或袭击的案件，或使用反巫术手段破坏女巫对受害者进行控制的事件。当"女巫"寻求庇护并向法院上诉时，这些袭击者及其家人和朋友都会感到非常困惑与沮丧，因为法院不再支持他们。有这样一个例子，来自德文郡的苏珊娜·塞里克年事已高，她在 10 年间两次将指控者告上法庭，称自己遭到指控者殴打，法院两次作出判决，令指控者对其支付赔偿金，不必承担刑事责任。

1782 年，来自瑞士格拉鲁斯的安娜·果尔迪成为欧洲最后一位因操纵巫术而被合法处决的人。果尔迪是楚迪家族的女仆，她被指控使用超自然力量将针头插入主人女儿的食物中。

▲ 比迪福德女巫审判仍在等待正义，对她们的赦免没有成功

一个延续多年的传统?

为了将现代巫师与过去遭遇迫害的巫师联系起来,人类学家和民俗学家玛格丽特·爱丽丝·默里提出了关于20世纪巫师血统的理论。根据她于1921年出版的《西欧巫师崇拜》(*The Witch Cult in Western Europe*)一书中所述,在整个巫师审判期间遭受迫害的男女实际上参与了古老的生殖崇拜,这是他们巫术仪式的一部分。在女巫审判停止后,剩下的巫师团体为了避免麻烦全都转移到了地下,继续偷偷地练习巫术,后来以威卡教重新示人。

不幸的是,默里的理论几乎没有证据支撑。在仔细审查有关案件过程中,她试图证明一个13人组成的女巫帮的存在,但失败了。还有其他很多中心论点,比如崇拜角神和举行巫术仪式,都遭到否定。

▲ 默里关于巫术史的作品被推翻了

▲ 韦耶在 1563 年发表的《论恶魔、法术与毒药》一书中第一次公开反对女巫审判

▲ 太阳国王路易十四是法国最初反对巫术立法的君主

> 2013年,有人呼吁赦免贝德福德女巫,但该请愿未能成功。

许多冤假错案没有得到平反,直到 2007 年,瑞士政府宣布果尔迪无罪,但是这样的平反在女巫审判时期很少发生。

灵媒海伦·邓肯是英国最后一位被《巫术法案》判刑的女巫。据说,海伦预言战舰"巴勒姆号"已经沉没,这比英国政府得到信息的时间还要早,引起了政府关注。根据 1735 年颁布的《巫术法案》,法官认定海伦谎称自己可以通灵,被判处 9 个月有期徒刑。我们不能忘记,在世界的某些角落,仍然有可能因为被怀疑是女巫而被谋杀。

图片所属

- 21   © Corbis; Alamy
- 39   © Alamy, Getty Images, Mary Evans, Thinkstock
- 40   © Thinkstock
- 57   © Robert Venables; Alamy; Mary Evans
- 63   © Alamy; Getty Images
- 77   © Alamy, Corbis, Getty Images, Joe Cummings
- 84   © Alamy
- 95   © Alamy, Kym Winter
- 109   © Alam
- 119   © Corbis; Alamy
- 147   © Corbis; Alamy
- 153   © Corbis; Alamy
- 159   © Gettyimages, Alamy, Thinkstock
- 164   © Corbis; Alamy
- 195   © Gettyimages, Alamy

▲ 韦耶在 1563 年发表的《论恶魔、法术与毒药》一书中第一次公开反对女巫审判

▲ 太阳国王路易十四是法国最初反对巫术立法的君主

许多冤假错案没有得到平反,直到 2007 年,瑞士政府宣布果尔迪无罪,但是这样的平反在女巫审判时期很少发生。

灵媒海伦·邓肯是英国最后一位被《巫术法案》判刑的女巫。据说,海伦预言战舰"巴勒姆号"已经沉没,这比英国政府得到信息的时间还要早,引起了政府关注。根据 1735 年颁布的《巫术法案》,法官认定海伦谎称自己可以通灵,被判处 9 个月有期徒刑。我们不能忘记,在世界的某些角落,仍然有可能因为被怀疑是女巫而被谋杀。

2013年,有人呼吁赦免贝德福德女巫,但该请愿未能成功。

图片所属

21	© Corbis; Alamy
39	© Alamy, Getty Images, Mary Evans, Thinkstock
40	© Thinkstock
57	© Robert Venables; Alamy; Mary Evans
63	© Alamy; Getty Images
77	© Alamy, Corbis, Getty Images, Joe Cummings
84	© Alamy
95	© Alamy, Kym Winter
109	© Alam
119	© Corbis; Alamy
147	© Corbis; Alamy
153	© Corbis; Alamy
159	© Gettyimages, Alamy, Thinkstock
164	© Corbis; Alamy
195	© Gettyimages, Alamy